VOYAGE
DE FLÉCHIER
EN AUVERGNE.

A PARIS,
IMPRIMERIE DE CHAIGNIEAU AINÉ.
L'AN IV.

FLECHIER.

FLÉCHIER (Esprit), né le 1.er juin 1632, à Pernes, petite ville du diocèse de Carpentras, passa ses premières années dans la congrégation des doctrinaires, où il se forma sous le P. Audiffret, son oncle. D'abord évêque de Lavaur, puis de Nîmes, il se conduisit en pasteur charitable et compatissant. Une malheureuse fille, que ses parens avaient contrainte de se faire religieuse, était cruellement détenue pour avoir eu la faiblesse de céder à l'amour; Fléchier vint lui-même la tirer du réduit affreux où elle se livrait au désespoir, et lui rendit la liberté. (C'est ce trait qu'on a attribué à Fénélon pour le mettre sur la scène tragique, en 1793, sous le titre de Fénélon, ou les religieuses de Cambrai.)

On trouve dans les Œuvres de cet illustre prélat, recueillies en 10 vol. in-8.°, Nîmes, 1782, des Panégyriques, estimés; des Oraisons funèbres, préférables à celles de Bossuet pour l'harmonie et les charmes du style, mais inférieures pour le nerf des idées et la rapidité des mouvemens; des Sermons, d'un mérite ordinaire; des Mandemens, regardés comme des modèles dans leur genre; l'Histoire de Théodose, plus estimée pour le style que pour les recherches; la Vie du cardinal de

Ximénès, écrite trop pompeusement, et celle du CARDINAL COMMENDON, traduite avec assez de fidélité du latin de Gratiani; des LETTRES, dont le style est pur, mais peu épistolaire; enfin de petites pièces en vers et en prose, où l'on trouve quelquefois de la gaieté : de ce nombre est le VOYAGE D'AUVERGNE, dont nous avons retranché tout ce qui n'offrait qu'un intérêt de circonstances. Ceux qui nous objecteront la médiocrité de cette production, ne pourront au moins disconvenir qu'il ne s'y trouve des descriptions intéressantes et plusieurs anecdotes curieuses.

VOYAGE DE FLÉCHIER EN AUVERGNE.

M. DE CAUMARTIN, maître des requêtes, ayant été mis au nombre de ceux qui devaient composer le tribunal extraordinaire érigé en 1665 à Clermont en Auvergne, M. Fléchier, qui s'était chargé de l'éducation du fils de ce magistrat, fit le voyage. La relation qu'il nous en a laissée commence à son arrivée dans la ville de Riom, une des plus riches et des plus agréables de France. Il débute par une description de ses rues larges et commodes, de ses édifices publics et particuliers, de sa riante situation au milieu des plaines fertiles et délicieuses de la Limagne (1), des mœurs douces et faciles de ses habitans, et du ton de politesse qui régnait dans leurs assemblées. Les expressions lui manquent quand il veut peindre la beauté des campagnes qui sont autour de la ville et leur fertilité.

Après avoir passé quelques jours à Riom, MM. les commissaires se rendirent à Clermont. Ces villes ne sont éloignées l'une de l'autre que de deux lieues; mais la route est si belle, si riante, qu'elle ressemble plutôt à une promenade qu'à un grand chemin. Elle est bordée de beaux arbres des deux côtés, qui sont arrosés par des ruisseaux d'une eau claire et vive, comme par des canaux naturels, qu'on dirait creusés tout exprès. On découvre d'un côté les montagnes du

Forez dans l'éloignement, et une grande étendue de prairies, qui sont d'un verd plus vif que celui des autres pays. D'un autre côté l'on voit les montagnes d'Auvergne, qui sont fort proches, mais qui, par la variété de leur parure et la fertilité des terres qui les environnent, bornent la vue si agréablement qu'on ne voudrait pas qu'elle s'étendît plus loin.

Tout le peuple de Clermont et des lieux voisins était répandu sur la route pour voir arriver les magistrats qui venaient leur rendre justice. Tous les corps étaient venus au-devant d'eux, et attendaient d'espace en espace, pour débiter, chacun à leur tour, les harangues qu'ils avaient préparées, et où ils n'avaient pas épargné les brillantes comparaisons tirées du soleil et de ses rayons, de la lune et de sa douce lumière, des grands et des petits jours (2) : ceux-là, propres aux grandes entreprises, par leur durée et leur sérénité ; ceux-ci, plus favorables à l'exécution des mauvais desseins que des bons, à cause des ténèbres et de l'obscurité qui les couvrent. Après avoir essuyé toutes ces fâcheuses rencontres, les magistrats entrèrent dans la ville, où il fallut encore s'arrêter pour entendre d'autres harangueurs.

Le lendemain, dès le matin, nouveaux complimens. Les officiers des justices voisines, dit la relation, vinrent s'humilier devant celle de Paris, et lui rendre hommage. Des religieux de différentes couleurs se présentèrent en corps pour remplir le même devoir, en citant saint Paul et saint Augustin. « Un jésuite à la tête de

» son collège, et un capucin, le plus
» vénérable de la province, se signa-
» lèrent à citer les plus beaux en-
» droits des saints pères, à la louange
» de messieurs des grands jours, et
» firent voir, avec beaucoup d'érudi-
» tion, que saint Augustin et saint
» Ambroise avaient prophétisé ce qui
» se passait alors en Auvergne. »

La ville de Clermont parut aux yeux du célèbre voyageur une des moins agréables de France, à cause de sa situation trop voisine des montagnes, et de ses rues si étroites, que la plus grande, dit-il, est la juste mesure d'un carrosse.

. . . .
. . . .
. . . .

Lorsque les dames de la ville vinrent faire visite à celles qui avaient accompagné MM. les commissaires; Fléchier, qui observait tout avec les yeux de la curiosité, était présent; et la manière dont il rend cette scène est tout-à-fait plaisante. Les dames arrivaient par troupes, afin de se rassurer les unes les autres, et d'être moins remarquées. Leur façon de se présenter, leur air gauche et décontenancé, leurs bras pendans ou croisés sur la poitrine, sans aucun mouvement; leur parure, où les modes du temps étaient portées à l'excès, comme c'est l'usage des femmes de province; leur affectation à se placer en cercle, suivant la qualité de leurs maris, ou suivant l'époque de leur mariage; rien de ce qui peut former un tableau d'un ridicule achevé n'échappe au pinceau du narrateur. Il distingue néanmoins, dans cette foule,

madame Perrier, sœur de M. Pascal, femme du plus grand mérite, que madame la marquise de Sablé a tant louée, et qui le méritait à si juste titre. « Elle tirait plus de gloire, dit Flé-
» chier, de ses qualités personnelles
» et de ses vertus, que de l'honneur
» d'avoir pour frère le plus grand
» géomètre et le plus parfait écrivain
» du siècle; en sorte qu'elle aurait
» joui de la même réputation, quand
» il n'y aurait pas eu de Pascal pour
» illustrer sa famille, et de marquise
» de Sablé pour faire son éloge. »

. . . .
. . . .
. . . .

L'abbé Fléchier, ayant trouvé une occasion pour aller à Vichi, ce lieu si renommé à cause de ses eaux médicinales et de ses bains salutaires, ne la laissa pas échapper. Il n'y a pas, dit-il, de paysage plus beau, plus riche et plus varié que celui-là. Quand on y arrive, on voit d'un côté des plaines fertiles, de l'autre des montagnes, dont le sommet se perd dans les nues, et dont l'aspect forme une infinité de tableaux différens.......... Un de mes amis, ajoute-t-il, qui fait de très-jolis vers, me disait qu'il venait y passer tous les ans six semaines, non pas tant pour sa santé que pour son amusement.

.... pour voir ces lieux à loisir,
Où la nature a pris plaisir
A réunir dans l'étendue
Tout ce qui peut plaire à la vue :
Les villages et les châteaux,
Et les vallons et les côteaux,

La perspective des montagnes
Couronnant de vastes campagnes :
Le beau fleuve, qui, dans son cours,
Forme à leurs pieds mille détours :
La verdure émaillée des plaines,
Le cristal de mille fontaines.

. . . .
. . . .
. . . .
. . . .

Tous les efforts que la peinture
Fait pour embellir la nature,
Ne sont que de faibles crayons
Des beautés que nous y voyons.
Auprès de toutes ces merveilles,
Qui sont peut-être sans pareilles,
Je n'estimerais pas un chou
Le paysage de Saint-Cloud,
Non plus que celui de Surenne,
Arrosé des eaux de la Seine ;
Et qui vante Montmorenci,
Se tairait s'il eût vu ceci.

La relation continue. « Outre les
» sources qui ne servent qu'à récréer
» la vue et arroser les champs, on
» en voit d'autres qui fortifient le
» corps et qui soulagent les malades,
» en détruisant la cause des maux
» qu'ils souffrent. Par de longs ca-
» naux souterrains elles semblent ac-
» courir au secours de cent miséra-
» bles qui viennent de tant de pays y
» chercher la fin de leurs tourmens.
» En passant à travers le soufre et le
» vitriol, elles se rendent dans de
» grands bassins qu'on leur a creusés,
» et se présentent en bouillonnant à
» tous ceux que l'espoir de la santé
» fait arriver en foule dans cet heu-
» reux canton. »

La saison était déja avancée, et la plupart des buveurs s'étaient retirés. Il ne restait plus guères que des religieux et des religieuses, qui, arrivés des premiers, s'étaient arrangés pour ne partir que des derniers. Parmi sept ou huit religieuses qui se trouvaient là, les unes avaient obtenu des ordres de la cour pour y venir malgré leurs évêques ; d'autres avaient si bien fait leur cour aux évêques, que ces prélats leur avaient permis de s'y rendre malgré les supérieurs locaux, et toutes ne paraissaient occupées que du soin de profiter, à l'envi les unes des autres, de ce temps de liberté.

. . . .
. . . . . L'ingénieux narrateur s'égaie aux dépens de quelques originaux dont il peint les ridicules d'une manière aussi naïve que plaisante, quoique jamais il n'eût de penchant pour la satire. D'abord c'est un capucin d'une tournure plus élégante

que celle de ses confrères, qui est dans l'usage de parcourir chaque année tous les bains de la province, pour ramasser dans un lieu des anecdotes qu'il débite dans un autre. Ce sont ensuite deux provinciales, bien précieuses et bien singulières. L'une, dit-il, était d'une taille qui approchait de celle des anciens géans; et son visage, n'étant pas proportionné à sa taille, elle avait la démarche et la figure d'une laide amazone. L'autre était, au contraire, fort belle; mais son visage était si couvert de mouches, que je n'en pus voir autre chose que le nez et les yeux. Je remarquai seulement qu'elle était un peu boiteuse; mais ce qu'on ne pouvait s'empêcher de voir dans leurs manières, leur parure et tout leur extérieur, c'était que l'une et l'autre se croyaient belles.

. . . .

. . . .

L'abbé Fléchier rend compte d'une espèce de petit pélerinage de dévotion qu'il fit avec quelques-uns des étrangers que les grands jours avaient fait venir comme lui de Paris à Clermont. Le terme de ce pélerinage était l'abbaye de Saint-Allyre, lieu célèbre dans un des faubourgs de la ville. Après avoir fait la description du monastère, il se divertit à rapporter les contes que l'abbé, homme simple et crédule, leur fit sur les prodiges de saint Allyre, qui, suivant la chronique, avait obligé le diable à transporter d'Allemagne en Auvergne un pilier fort élevé pour servir à la construction de l'église qu'il bâtissait alors.

Un prodige d'un autre genre fixe ensuite son attention; c'est une fontaine (3) dont l'eau a la propriété de transformer en pierre les corps solides qu'on y plonge, ou que le hasard y fait tomber.

Fléchier, toujours attentif à rendre compte de ses promenades, quand elles ont été l'occasion de quelques conversations instructives ou plaisantes, parle de son entrée dans le cloître des jacobins avec un citoyen de Clermont, homme d'esprit, et qui ne manquait pas d'instruction.

Ce cloître était, non pas orné, mais tapissé de peintures fort singulières, tant pour le dessin que pour le goût et l'exécution. Le premier objet de ce genre qui frappa la vue des deux promeneurs, fut un vaste tableau tout rempli de figures d'empereurs, de rois, de reines et d'autres personnages d'un rang auguste,

décorés des attributs de leurs dignités. « Nous étions occupés à
» considérer ce tableau, et nous en
» cherchions le sujet, dit la relation,
» lorsque nous fûmes abordés par un
» religieux de la maison, qui, par
» son âge et la gravité de son exté-
» rieur, paraissait être un des sujets
» considérables de son ordre. Ce que
» vous voyez là, nous dit ce bon père,
» est un des plus beaux monumens
» qu'on ait pu conserver à la gloire
» de notre saint fondateur et à la
» noblesse de notre ordre; car si les
» jésuites élèvent si haut leur saint
» Ignace de Loyola, qui n'était qu'un
» simple gentilhomme biscayen, que
» ne pouvons-nous pas dire de saint
» Dominique, qui était un des grands
» du royaume de Castille, parent ou
» allié d'un grand nombre de souve-

» rains? Voilà ce que la peinture a
» voulu représenter; et l'on peut dire
» qu'elle n'a usé ni de flatterie ni
» d'exagération, en traitant ce beau
» sujet, et qu'elle s'est renfermée
» dans les bornes exactes de la vé-
» rité. D'ailleurs, ajouta-t-il, si ç'a
» été un si grand honneur pour le
» saint patriarche de notre ordre
» d'être né dans un rang distingué,
» ce n'en est pas un moindre pour
» nous d'être ses enfans spirituels;
» car tous ces rois, ces empereurs
» et ces princes de la terre sont aussi
» devenus nos parens par cette filia-
» tion, selon l'esprit que nous tirons
» de lui, comme membres de la fa-
» mille dont il est le chef. Pendant
» que le bon père faisait l'éloge de
» son ordre d'une manière un peu
» mondaine, nos regards se fixèrent

» sur une autre peinture qui nous
» parut d'un goût assez bizarre. On
» y voyait des jacobins, les uns ar-
» més de massues, comme des Her-
» cules; les autres avec des lances,
» comme ceux qui s'apprêtent à cou-
» rir la bague, et d'autres encore
» portant à la main des torches ar-
» dentes ou des épées teintes de
» sang. Nous nous regardions avec
» surprise, comme pour nous de-
» mander l'un à l'autre la significa-
» tion de ce tableau, lorsque le bon
» religieux, s'appercevant sans doute
» de notre embarras, nous dit : Ce
» sont les premiers martyrs de notre
» ordre qui ont été assommés à coups
» de massues, percés de lances, brû-
» lés avec des flambeaux ardens, ou
» tués par le tranchant de l'épée; et
» ces généreux défenseurs de la foi

» jouissent, comme dit le docteur
» angélique............ oui, messieurs,
» jouissent........

» Il nous aurait cité quelques pa-
» ges de saint Thomas, si l'un de nous
» ne l'eût interrompu pour lui de-
» mander l'explication d'un des plus
» curieux de ces portraits. C'était un
» jacobin tenant une balance où il y
» avait d'un côté un panier plein des
» plus beaux fruits, et de l'autre ces
» mots : DIEU VOUS LE RENDE;
» et ces quatre paroles étaient si pe-
» santes, qu'elles emportaient l'autre
» bassin de la balance chargé de
» fruits. Ah! s'écria le père, voilà
» un des plus beaux traits de toute
» l'histoire de notre ordre : ce mi-
» racle, que Dieu a opéré par un de
» nos religieux, montre évidemment
» que les aumônes qu'on nous fait en

» vue de Dieu sont bien payées par
» le vœu que nous exprimons pour
» l'avantage spirituel de nos bien-
» faiteurs, en disant : DIEU VOUS LE
» RENDE! Il serait bon qu'on prêchât
» souvent cette histoire, les gens du
» monde en deviendraient plus cha-
» ritables, et nous ne serions pas
» réduits à vivre si pauvrement........

» Il allait déclamer contre le siè-
» cle; mais nous arrêtâmes l'essor de
» son zèle, en nous avançant vers
» l'une des galeries du cloître, dont
» les tableaux, comme on l'appre-
» nait d'une inscription latine qu'on
» lisait à l'entrée, étaient consacrés
» à représenter les miracles du ro-
» saire. Vous allez voir, nous dit le
» bon père, les prodiges que la puis-
» sance de Dieu a opérés pour éten-
» dre et affermir la dévotion la plus

» solidement établie et la plus utile
» au salut qu'il y ait dans l'église.
» Voyez, continua-t-il, dans ce pre-
» mier tableau, cet évêque emporté
» par la rapidité des flots d'un torrent
» qui l'entraîne, et qui lève les mains
» au ciel pour implorer son assis-
» tance dans l'extrême danger où il
» se trouve : c'était un prélat très-
» opposé à la dévotion du rosaire, et
» qui ne voulait pas qu'on en établît
» des confréries dans son diocèse,
» parce qu'il n'aimait pas les frères
» prêcheurs ; mais Dieu, qui protège
» toujours les siens, permit que ce
» prélat, en voyageant, tombât dans
» un torrent impétueux dont les eaux
» l'auraient englouti sans les prières
» de ce saint homme que vous voyez
» sur le rivage (c'était un jacobin
» qui tendait la main à l'évêque pour

le

» le sauver du naufrage). Dieu le
» convertit par cet événement, et
» depuis nous n'avons pas eu de meil-
» leur ami ni de protecteur plus zélé
» de nos confréries. Le bon père
» parlait toujours en nous suivant;
» mais, par bonheur pour nous, une
» cloche qui l'appelait au chœur vint
» à sonner, et il se rendit à l'office,
» en nous promettant de revenir
» bientôt, parce qu'il avait encore
» beaucoup de choses curieuses à
» nous dire; mais nous, qui ne vou-
» lions pas en entendre davantage,
» nous n'eûmes garde de l'attendre.»

Les cérémonies accoutumées du jour de l'an donnèrent occasion de faire encore des complimens. On ne s'occupa donc, pendant quelques jours, que de vers, de poëmes, de chansons, de harangues à la louange de MM. les magistrats des grands jours. La moins mauvaise de ces productions est un sonnet adressé à M. le président de Novion, qui finit par ces vers :

Tu fais encore ici ce que tu fis toujours ;
   Car de tous les jours de ta vie
Tes belles actions en ont fait de grands jours.

Les jésuites qui tenaient le collège de Clermont ne voulurent pas garder le silence dans une circonstance où tant de gens plus étrangers qu'eux sur le Parnasse se croyaient inspirés par Apollon. Ainsi les muses latines s'occupèrent aussi du tribut qu'elles devaient aux restaurateurs de la justice. D'abord les bons pères s'étaient proposés de faire jouer dans leur maison une tragédie-ballet qui aurait représenté le retour d'Astrée sur la terre. Mais, soit qu'ils n'eussent pas eu assez de temps pour dresser les acteurs, soit que les maîtres de danse sur lesquels ils comptaient n'eussent pas répondu à leurs vues, ce grand projet n'eut point d'exécution. Tous leurs desseins se terminèrent à la composition d'un poëme latin intitulé : LE TEMPLE DE THÉMIS, ou LA JUSTICE RÉTABLIE. Au jugement de l'abbé Fléchier, il y avait dans cette pièce quelques bons vers et quelques pensées ingénieuses; mais le plan de l'ouvrage et les idées principales étaient si bizarres, qu'elles approchaient du ridicule. D'abord l'auteur construisait le temple de Thémis des ruines de ceux qui avaient appartenu aux huguenots. Il feignait ensuite que tous les saints rois qui avaient gouverné la France, BEATOS

Galliæ proceres, depuis l'origine de la monarchie, s'étaient assemblés dans une grande place, au milieu des airs, pour conférer sur les moyens de rétablir le règne de la justice. Ce qu'il y avait de plaisant, c'est que cette assemblée de saints rois commençait à Pharamond, qui était payen, et finissait à Henri IV. Une autre idée non moins singulière, c'est que l'auteur logeait Thémis, bannie de la France, au sommet des Alpes, où elle mourait de froid. Le résultat de ce grand conseil tenu en l'air était que le feu roi Louis XIII irait trouver son fils Louis XIV pendant qu'il dormirait, pour lui conseiller d'établir les grands jours à Clermont en Auvergne; et les raisons de préférer cette province et cette ville à toutes les autres étaient que la Limagne est le pays le plus fertile de la France; qu'il y a à Clermont un présidial et une cour des aides; que l'intendant était un homme doux et poli, et que l'évêque, avec son bâton pastoral, chassait de la bergerie les loups qui se cachaient sous la peau de brebis. Sur ces représentations de son père, le roi faisait entrer Thémis dans son conseil, où elle prononçait une belle harangue, après laquelle on choisissait parmi les sénateurs les plus intègres et les plus savans.

NOTES
SUR LE VOYAGE
D'AUVERGNE.

1 (De la Limagne.) Cette vallée, qui peut avoir douze lieues de longueur sur huit de largeur, est composée de plaines arrosées par l'Allier, et coupées çà et là par des côteaux ou montagnes inférieures. On n'y voit point cette fécondité nue et monotone de certains pays; par-tout le vert des feuillages se mêle à l'or des moissons. Des saules élevés protègent et embellissent les prairies. Les grandes routes, bordées de noyers, et dans un alignement parfait, ressemblent aux allées d'un beau jardin. On

y cueille du blé, du vin et d'excellens fruits en abondance : comme dans tous les endroits situés au pied des montagnes, on y est exposé aux orages; et le passage du froid au chaud est souvent très-brusque.

2 (Des grands et des petits jours.) La tenue du tribunal extraordinaire érigé à Clermont, s'appelait les grands jours.

3 (Une fontaine.) Ses eaux, quoique très-claires et très-limpides à l'œil, tiennent en dissolution des matières calcaires, qui restent en sédiment à mesure que l'air fixe se dégage. Par ces dépôts successifs, il s'est formé, depuis sa source jusqu'au ruisseau où elle tombe, une espèce de mur-aqueduc; puis, à l'endroit de la chute, dans la partie supérieure qui n'a point été obstaclée par le

courant, une saillie considérable en forme de demi-cône irrégulier. De cette saillie a résulté un pont naturel. Il existe encore un autre pont, moins élevé, sur le même ruisseau, sur lequel les voitures peuvent passer. C'est entre ce pont-là et le premier, que l'observateur peut voir les progrès de la formation du rocher minéral. En tombant, l'eau forme des espèces de stalactites roussâtres qui s'amoncèlent insensiblement, se durcissent, et forment une masse qui parviendrait bientôt à la rive opposée, si, de temps en temps, on ne s'occupait à la détruire.

Les curieux portent au courant de cette fontaine différentes substances animales ou végétales, qu'ils desirent conserver. Les incrustations les plus sures sont celles des oiseaux de moyenne grosseur, des serpens, des poires, des raisins, etc.; celles des animaux d'une certaine grosseur réussissent rarement, parce que l'animal se corrompt en même temps qu'il s'incruste.

VOYAGE

DE DESMAHIS

A ÉPONNE.

DESMAHIS.

DESMAHIS.

Desmahis (Joseph - François - Édouard de Corsembleu), né à Sully-sur-Loire, mort en 1761, dans sa trente-huitième année. On trouve dans ses Poésies légères, comme dans son Voyage d'Éponne, une tournure de pensées naturelle, et une poésie pleine d'images; mais quelquefois l'esprit y étouffe le sentiment. Sa petite comédie de l'Impertinent offre de jolis portraits et un caractère principal bien dessiné. On croit que ce fut à l'occasion de cette pièce que Voltaire lui adressa les vers suivans :

Vos jeunes mains cueillent des fleurs,
Dont je n'ai plus que les épines;

Vous dormez dessous les courtines
Et des Graces et des neuf sœurs.
Je leur fais encor quelques mines,
Mais vous possédez leurs faveurs.
Tout s'éteint, tout s'use, tout passe;
Je m'affaiblis, et vous croissez;
Mais je descendrai du Parnasse
Content, si vous m'y remplacez.
Je jouis peu, mais j'aime encore;
Je verrai du moins vos amours;
Le crépuscule de mes jours
S'embellira de votre aurore:
Je dirai: Je fus comme vous;
C'est beaucoup me vanter peut-être;
Mais je ne serai point jaloux;
Le plaisir permet-il de l'être?

Quoique élève de Voltaire, Desmahis respecta toujours la religion et les mœurs : les traits suivans prouvent que son cœur était digne de son esprit. « Lorsque mon ami rit, disait-il, c'est à lui de m'apprendre le sujet de sa joie; lorsqu'il pleure, c'est à moi à découvrir la cause de son chagrin ». Un jeune poëte venait de lui lire un écrit satirique : « Abjurez pour jamais, lui dit-il, ce malheureux genre, si vous voulez conserver avec moi quelque liaison ». Un de ses rêves les plus doux était, qu'un jour l'harmonie régnerait parmi les gens-de-lettres, qui deviendraient les législateurs pacifiques des peuples.

Nous avons une édition complète des ŒUVRES de cet aimable poëte, d'après ses manuscrits, avec son éloge historique, Paris, 1777, 2 vol. in-12.

VOYAGE D'ÉPONNE.

A MADAME LA MARQUISE DE FR***.

Vous qui fixez, sur vos brillantes traces,
Les ris badins, les amours ingénus,
Et qui pourriez, par de nouvelles graces,
Mieux que Psiché l'emporter sur Vénus ;
 Vous que le dieu du goût éclaire,
Obtenez-moi de lui l'heureux talent de plaire :
Jadis il inspira Chapelle et Bachaumont.
De leur voyage on veut que je prenne le ton ;
Ils ont un naturel qui ne s'imite guère ;
 Mais si ma plume est moins légère,
 Mon voyage est aussi moins long.

Ces deux hommes inimitables se seraient sans doute surpassés, s'ils vous eussent adressé, madame, les riens charmans qui les ont rendus célèbres. Je n'ai pas le génie de ces messieurs ; mais j'écris, sous les yeux de la plus jolie femme de Paris, à la plus belle femme de la cour. Combien la beauté et les graces n'ont-elles pas créé de talens ? Dans cette confiance, je commence ma narration.

Les gens aimables avec qui je suis venu ici ayant fait une ample provision de gaieté et de philosophie, avec ces ballots légers nous sortîmes de Paris par le cours.

>Jadis c'était le rendez-vous
>De nos coquettes les plus vaines,
>De nos prudes les plus humaines,
>De nos jeunes gens les plus foux.
>C'est là qu'en dépit des jaloux,
>Qui se jetaient à la traverse,
>Il se faisait, aux yeux de tous,

Un discret et tendre commerce
De regards et de billets doux.
Les bruyans états de Cythère
S'y tenaient sur la fin du jour :
De tous les frères de l'Amour,
Il n'y manquait que le Mystère.

Mais aujourd'hui que nos beautés,
Brillantes d'appas empruntés,
Comme ces faux oiseaux qui craignent la lumière,
Dès que l'astre du jour a fini sa carrière,
Dans un jardin bien resserré,
De treillages rempli, de maisons entouré,
Dans une espèce de volière,
Où jamais nul zéphyr n'entra,
Vont, au sortir de l'opéra,
Respirer l'ambre et la poussière ;
On ne rencontre plus au cours
Que des sociétés obscures,
De tendres amitiés, de fidèles amours,
Et d'assez maussades figures.

L'heure n'était pas favorable pour y trouver beaucoup de ces personnages grotesques. Un homme, qui nous parut très-content de lui, gesticulait, grimaçait et parlait seul : je voulus parier que c'était ce qu'on appelle un poëte. Un autre, pâle et rêveur, marchait à pas lents ; il avait tout-à-fait l'air de ces amans malheureux d'autrefois. Le vieux marquis et la jeune marquise de *** se promenaient en silence dans un vieux carrosse ; c'était sans doute autant pour la santé de l'un, que pour le plaisir de l'autre. Ces insipides personnages furent aussitôt oubliés qu'apperçus.

En parlant de vous, madame, en vous desirant, en vous regrettant, nous nous trouvâmes sur le pont de Neuilly. Je remarquai à gauche une maison peu remarquable par elle-même, et je m'écriai :

D'EPONNE.

Je vois cet agréable lieu,
Ces bords rians, cette terrasse,
Où Courtin, la Fare et Chaulieu,
Loin des sots et des gens en place,
Pensant beaucoup, écrivant peu,
Plaisantaient, raillaient avec grace,
Et faisaient des vers pleins de feu.

Enfans d'Aristippe et d'Horace,
Dans la saine morale instruits,
Du portique ils cueillaient les fruits,
Couronnés des fleurs du Parnasse.

Ils répandaient, à pleines mains,
Un sel rare, dont quelques grains
Eussent rempli de jalousie
Les plus aimables des Romains,
Et tous ces gens, contemporains
D'Alcibiade et d'Aspasie.
Ils puisaient dans la poésie
Ce nectar par elle inventé;
Le goût, l'esprit, l'urbanité,

Leur servaient la seule ambroisie,
Qui donne l'immortalité.
Philosophes sans vanité,
Beaux esprits sans vivacité,
Entre l'étude et la paresse,
Dans les bras de la volupté,
Ils avaient placé la sagesse.
Où trouver encor dans Paris
Des mœurs et des talens semblables?
Il n'est que trop de beaux esprits;
Mais qu'il est peu de gens aimables!

Je me sentis pénétré, madame, d'un certain respect, qui tenait un peu de l'idolâtrie, pour cet ancien temple des muses. Si, au lieu de madame de ✱✱✱, vous eussiez présidé à ses mystères, Gnide et Paphos n'en auraient point eu pour qui j'eusse eu plus de dévotion, et j'y aurais été en pélerinage plus volontiers qu'à Nanterre, où nous arrivâmes un moment après. L'abbé, avec ce ton, moitié dévot, moitié profane, que vous lui connaissez, vint, à son tour, à s'écrier :

C'est dans ces agréables plaines,
Sur ces côteaux du ciel chéris,
Que la patrone de Paris
A mérité tant de neuvaines.
Aujourd'hui dans le paradis,
Geneviève, en ce lieu champêtre,
Quenouille en main, menait jadis
Dévotement ses moutons paître ;
De la laine de ses brebis,
Elle filait là ses habits ;
De la jeune et simple bergère,
L'innocence filait les jours.
. . . .
. . . .

Mais nous voici à Ruel; ce fut la demeure d'un des plus grands ministres que la France ait eus. Souffrez, madame, que je change de ton pour parler de lui.

Richelieu (1), d'un égal courage,
Sut lancer le tonnerre et conjurer l'orage;
Il étendit sur tout ses regards pénétrans;
Il domina son maitre, il abaissa les grands;
Il arrêta le vol de l'aigle impériale;
Il cultiva les arts d'une main libérale.
Mais, sur ce grand théâtre où je le vois monté,
Évoquant la vengeance et respirant la haine,
  Son inflexible dureté
  A trop ensanglanté la scène.

Croyez-vous, madame, que cet homme immortel ait pu goûter un instant de bonheur dans toute sa vie? Je n'oserais me vanter d'être heureux;
mais

mais je ne changerais pas mon obscurité, ma liberté, mon loisir, mes douces occupations, contre sa pourpre, son ministère, son génie même.

Il fut haï, craint, envié ;
De sa triste grandeur l'image m'importune :
Il a servi la gloire et la fortune ;
Je sers l'amour et l'amitié.
L'amour, dans la saison de plaire,
Est le premier besoin du cœur ;
Sa flamme, vive et passagère,
L'épure mieux que la colère
D'une duègne ou d'un gouverneur.
L'amitié, toujours nécessaire,
Donne un feu plus faible en chaleur,
Mais aussi plus fort en lumière ;
Et qui perd la faveur du frère,
N'est consolé que par la sœur.
Voilà le seul itinéraire
De la sagesse et du bonheur.

VOYAGE

Vainement un nouveau stoïque (2),
Sur les bords du lac helvétique,
Traite, comme un brûlant poison,
Tout penchant tendre et sympathique,
Et nous ordonne la raison,
Comme il ferait un narcotique.

Réglez, dit-il, vos mouvemens;
De vous-même rendez-vous maître.

Eh! qui de nous peut jamais être
L'arbitre de ses sentimens?
Croit-il, un Épictète en main,
Avec un traité de morale,
Analyser le cœur humain,
Comme il fait une eau minérale?
Il veut que, fuyant tout appui,
Chacun se suffise à soi-même;
Mais la nature, à ce blasphême,
Soulève son cœur contre lui.
L'homme ne vit que dans autrui,
Et n'existe qu'autant qu'il aime.

Je ne taris point sur cette matière. Heureusement pour vous, madame, voilà Saint-Germain (3), qui me remet dans la route dont je m'étais si fort écarté.

C'est ici que Jacques second,
Sans ministres et sans maîtresse,
Le matin allait à la messe,
Et le soir allait au sermon.
Cependant l'heureux Hamilton (4),
Plein d'enjouement et de finesse,
Savait trouver, dans ce canton,
Tantôt les rives du Permesse,
Et tantôt celles du Lignon.
Il joignit le goût au génie ;
Il n'eut point la sotte manie
D'écrire pour se faire un nom,
Et ne quitta jamais le ton
De la meilleure compagnie.

Sans doute à l'ombre de ces bois,
Sur-tout dans ces routes secrètes,
Sous ce tilleul que j'apperçois,
Il venait rêver quelquefois
Avec un livre et des tablettes.
Que cet air frais, voluptueux,
Cette lumière presque obscure,
Ce désordre majestueux,
Ce silence de la nature,
Me font bien sentir l'imposture
De ces ornemens fastueux,
De ces plaisirs tumultueux,
Qu'à force d'art on se procure !

Au milieu de cette forêt, je me représentai la demeure du Silence. Il me paraît aussi digne d'être personnifié que le Sommeil, et tant d'autres à qui les poëtes ont fait cet honneur. S'il est un démon du bruit, pourquoi le Silence n'aurait-il pas un génie ? A tout hasard, je lui adressai cette prière :

Silence, frère du Repos,
Habitant de la solitude,
Ami des arts et de l'étude,
Qui fuis la pourpre et les faisceaux,
Toi par qui le sage se venge
Des critiques, des cabaleurs,
Des ignorans et des railleurs,
Reçois cet hymne à ta louange,
Et me garantis, en échange,
Du commerce des grands parleurs.
Quand notre oreille est affligée
Par de froids et bruyans discours,
C'est par toi qu'elle est soulagée ;
Quand la raison est outragée,
C'est à toi seul qu'elle a recours.
Après avoir, par la parole,
Amusé le sot genre humain,
La science toujours frivole,

Et le bel esprit toujours vain,
Privés du renom qui s'envole,
Vont se reposer dans ton sein.
Tu peins les amoureuses flammes
Mieux que les plus galans propos;
Les plus ingénieux bons mots
Ne valent pas tes épigrammes;
Tu conserves l'honneur des femmes,
Et tu tiens lieu d'esprit aux sots.

En sortant de la forêt de Saint-Germain, nous crûmes entrer dans la vallée de Tempé. Un spectacle, tel que l'idylle n'en a peut-être jamais peint de plus agréable, s'offrit à notre vue. C'était un lendemain de noces; c'étaient l'hymen paysan, l'amour berger, la joie naïve; c'était une fête vraiment rustique, bien préférable à celles de nos opéra.

Toi qui, vrai, riant et facile,
Peignis des fêtes sous l'ormeau,
Titire, enflant son chalumeau;
Eglé, dansant d'un pas agile;
Et Silêne, sur un tonneau;
Téniers, viens tracer ce tableau;
La nature, à ton art docile,
Semblait naître sous ton pinceau.

Pour trois jours, reine du hameau,
Ayant un bouquet pour parure;
Pour couronne, un petit chapeau,
Qui se perdait dans sa coiffure;
Pour trône, un siége de verdure;
Et pour dais, un humble arbrisseau;
La jeune épouse de la veille,
Tout-à-la-fois pâle et vermeille,
Avait encor l'air étonné;
Et tout ensemble heureuse et sage,
Laissait lire, sur son visage,
Le plaisir qu'elle avait donné.

Sa simplicité la décore
Mieux que le plus riche appareil ;
Son époux la regarde encore
Ivre d'amour et de sommeil.
Son bonheur naissant se déploie
Sur son front noir et radieux ;
Et le dieu, qui ferme ses yeux,
N'en a point éclipsé la joie.

Autour d'eux formant un ballet,
Tous les Amours de ces contrées,
Les Graces, en petit corset,
Les Ris, avec leur air follet,
De l'Hymen portent les livrées ;
Des Céladons et des Astrées,
Dansent au son du flageolet.
Voyez-les, dans leur joie extrême,
Aller, revenir, se croiser ;
L'un d'eux, à la brune qu'il aime,
En passant ravit un baiser ;
Contre un larcin qu'elle pardonne,
La belle s'arme de rigueur ;

Et bien vite, au fond de son cœur,
Cache le plaisir qu'il lui donne.

Qui s'en serait jamais douté,
Que ces bergers pussent connaitre
La pudeur et la volupté?

Pour finir ce groupe champêtre,
Quelques vieillards sont à côté,
Qui, dans leurs cœurs sentant renaitre
Des étincelles de gaieté,
Comme en hiver on voit paraitre
Quelques heures d'un jour d'été,
Racontent ce qu'ils ont été,
Oubliant qu'ils vont cesser d'être.

Nous fûmes tous tentés de prendre la pannetière et la houlette. C'est avec ces idées si douces que nous arrivâmes à Éponne. Il me reste à vous rendre compte, madame, de la vie que nous menons ici.

Dans les états d'une beauté,
Qui n'est ni coquette ni prude;
Dans un château peu fréquenté,
Et dont l'abord est assez rude,
Mais d'où l'œil est au loin porté,
Sur une rare multitude
D'objets pleins de variété,
Logent l'amitié, la gaieté,
La franchise, la liberté.

Exempts de soins, d'inquiétude,
Ici nous goûtons aujourd'hui
La retraite sans solitude,
Avec le repos sans ennui.
Nous consacrons les matinées
Aux arts, aux loisirs studieux;
De mille riens ingénieux
Nous savons remplir nos journées,
Qui sont sagement terminées
Par des soupers délicieux.
La chère est simple et délicate;
Il ne faut, pour plaire à Comus,

Ni le luxe de Lucullus,
Ni le régime d'Hypocrate.
Minerve est auprès de Momus ;
Et, si nous admettons Socrate,
Épicure n'est point exclus.

Sur toutes sortes de chapitres
Nous tenons de joyeux propos ;
Sans respect des rangs ni des titres,
En dépit des mortiers, des mîtres,
Nous faisons le procès aux sots.
Nous parlons de tout sans mystère,
Et de tout ce que l'on a dit
Ou de l'Olympe ou de Cythère ;
Sur le mérite, sans crédit,
Ou la faveur héréditaire.
Quand l'entretien se refroidit,
Il n'est rien que l'on voulût taire.

Enfin, dans ce riant séjour,
Les plaisirs règnent tout le jour ;
Eux seuls habitent ces retraites ;

J'excepte les peines secrètes
Que pourrait y causer l'amour.

Voilà, madame, une peinture fidelle de notre vie champêtre ; venez en augmenter les douceurs en les partageant. Venez écouter nos églogues ; venez fixer toute notre attention sur cette belle terrasse, d'où l'on croit voir toute la nature : nous y verrions ce qu'elle a fait de plus aimable et de plus séduisant, si nous avions le bonheur de vous y posséder.

NOTES SUR LE VOYAGE D'ÉPONNE.

---

1 (Richelieu.) Comme le mausolée élevé à ce ministre dans la chapelle de la Sorbonne est d'une composition parfaite, nous avons cru devoir en offrir ici la gravure. Sur un soubassement de quatorze pieds de long sur cinq pieds neuf pouces de large, repose le cardinal à demi-couché, la main droite appuyée sur son cœur, et la gauche sur un de ses ouvrages de piété : la Religion le soutient, et la Science pleure à ses pieds, dans l'attitude de la plus profonde

douleur. Derrière sont deux génies qui supportent un écusson. La figure principale a six pieds de proportion; les deux figures de femmes, cinq pieds trois pouces, et les deux génies, deux pieds et demi. Le tout est en marbre blanc. Ce chef-d'œuvre du ciseau de Girardon fut mis en place en 1694.

2 (Un nouveau stoïque.) M. Tronchin.

3 (Saint-Germain.) Petite ville fort peuplée et bien bâtie, à quatre lieues de Paris.

Le château, dont le roi Charles-le-Sage avait fait jeter les fondemens en 1370, fut pris par les Anglais dans le temps des troubles arrivés sous Charles VI; mais Charles-le-Victorieux, son fils, le racheta d'un capitaine anglais. Louis XI, qui craignait tant la mort, en fit donation à Coictier, son médecin. Le goût que François I.ᵉʳ avait pour la chasse, lui en donna pour le séjour de Saint-Germain : il fit relever l'ancien bâtiment et en fit construire de nouveaux. Henri IV fit bâtir le château neuf sur la croupe de la montagne plus proche de la rivière : il étendit les jardins jusqu'aux bords de la Seine, et les fit élever sur des terrasses avec une magnificence somptueuse. Louis XIII y ajouta divers ornemens. Enfin Louis XIV, qui y était né, fit augmenter le vieux château des cinq gros pavillons qui en flanquent les encoignures, et fit embellir les dehors. On dit même qu'il l'aurait préféré à Versailles, si l'on n'eût apperçu dans le lointain la dernière demeure des rois.

En effet, ce château est un des plus beaux séjours qu'il y ait en France, tant pour la beauté des appartemens et des jardins, que par l'étendue de la perspective, qui offre Paris, Saint-Denis, Marly, etc.

Cette maison fut occupée à la fin du siècle dernier et au commencement de celui-ci par la cour d'Angleterre. Louis XIV y logea le roi Jacques, qui y mourut le 16 septembre 1701 ; Marie Stuart, sa fille, morte le 18 avril 1712, et Joseph-Marie d'Est, sa femme, morte le 7 mai 1718.

4 (L'heureux Hamilton.) Le comte d'Hamilton, fixé à Saint-Germain, lorsque Jacques II vint s'y réfugier, faisait les délices de la société par la douceur de son caractère, et

celles du public par les charmes de ses productions. Rien de plus gai que ses Mémoires du comte de Gramont, et de plus délicat que son Épitre à ce même comte.

VOYAGE
DE GRESSET
A LA FLÈCHE.

GRESSET.

GRESSET (Jean-Baptiste-Louis), mort en 1777, à Amiens, sa patrie, entra chez les jésuites à l'âge de 16 ans, et en sortit à 26, à cause de l'éclat que fit son VERT-VERT.

Annoncé à Paris par la voix de la Renommée, il y répondit à la réputation qu'il s'était faite dans le cloitre, et fut goûté par tout ce qu'il y avait de littérateurs. On admira dans le nouvel Horace l'accord des talens et des vertus; et l'on trouva dans l'écrivain estimable le citoyen le plus digne d'être estimé : il fut reçu à l'académie française en 1748.

Outre son VERT-VERT, qui sera toujours un poëme charmant par la gaieté des détails et les richesses de la fiction, ses ŒUVRES, Paris, 2 vol. in-12, 1748, renferment quelques autres pièces, telles que LA CHARTREUSE et LE LUTRIN VIVANT, où l'on retrouve ce charme du style, et ces plaisanteries innocentes, assaisonnées du meilleur sel; des ODES, dont quelques-unes offrent de belles images; la traduction en vers des ÉGLOGUES DE VIRGILE, qui se fait lire avec plaisir, quoiqu'elle ne soit pas littérale; la tragédie d'ÉDOUARD III, dont l'intrigue est froide, et la diction pénible; la comédie de SIDNEY, bien versifiée, mais faible d'intrigue; celle du Méchant, pleine d'aisance dans le dialogue, d'un style élégant et précis, et dont les caractères sont dessinés avec finesse et rendus avec vérité ; enfin un Discours sur l'Harmonie, déclamation vide de choses.

Il s'est trouvé parmi ses papiers deux petits poëmes dans le goût de Vert-vert, l'un intitulé le Gazetin, l'autre le Parrain magnifique ; on eût préféré les deux chants qu'il avait ajoutés à Vert-vert, sous le titre d'Ouvroir des Nones, mais il les avait brûlés dans sa dernière maladie.

Un autre petit ouvrage posthume

de Gresset, est la relation de son voyage à la Flèche, lorsque son Vert-vert l'y fit exiler.

VOYAGE A LA FLÈCHE.

A MADAME DU PERCHE.

. . . .

. . . .

En quittant ces bords pleins de charmes,
Un jour auparavant égayés par nos ris,
Presque tenté de verser quatre larmes,
Je suivais lentement des sentiers moins fleuris :
Frappé d'une humeur léthargique,
Toujours confident de mon cœur,
Mon esprit se livrait à ma tendre douleur ;
Et l'allure mélancolique
De ma monture apoplectique
Redoublait encor ma langueur ;
Quand enfin, réveillé par le bruit des sonnettes
Du Mercure crotté qui guidait nos mazettes,

Je vis les compagnons auxquels, dans ce beau cours,
Le sort m'attelait pour deux jours.

De cinq qu'ils étaient, je ne vous parlerai que d'un ; les autres n'étaient là que pour balayer quatorze lieues de crotte, et me parurent avoir pris congé depuis long-temps de tout esprit et de tout amusement, à l'exception d'un mien confrère, qui riait à répétition une fois par heure, et qui est, pour la gaieté, de la même trempe, à-peu-près, que le cadet la Vedette, quand il sable un œuf à la Hurtault. Ainsi mon unique consolation fut un vieux cordelier qui revenait des eaux de Bourbon pour se faire enterrer à la Flèche.

Attendu la paralysie,
Il ne pouvait chevaucher aisément :

Mais, à l'aide d'un cabestan,
Nous le guindions artistement
Sur la piteuse haquenée
Que le diable avait condamnée
A remporter le révérend.

Quoique le bon PATER n'eût plus que les facultés de l'ame, il tâchait encore d'être drôle, et me contait de la meilleure foi du monde toutes ses histoires : je vous les dirais bien, mais je ne me charge point de les écrire. Il est ici le geolier de trente-quatre nones qui le font enrager, à ce qu'il m'assura; mais je brise sur cet article.

Attaquez-vous par quelque raillerie
Un régiment d'infanterie?
Mars ne fera qu'en rire, il s'en amusera;
Mais si par malheur votre muse

A draper des nones s'amuse,
L'amour-propre s'en vengera :
Dévotement il rugira,
Et bientôt il vous poursuivra
Jusqu'à la Flèche et par-delà......

Nous passâmes par je ne sais quel bourg où notre messager nous promettait, comme un magnifique spectacle, un jour de grande foire,

Où l'on venait de vingt cantons :
J'y vins, et vis trois ânes, cinq moutons,
Et deux lambeaux de toile grise ;
C'était toute la marchandise :
Je vis se quarrer trois manans,
Et c'en était tous les marchands.

En descendant de cheval, j'enfilai la conversation avec quelques capables du lieu, pour me donner l'amusement d'entendre leurs nouvelles et leur politique grotesque. Je n'ai jamais entendu un pot-pourri plus original, ni de coq-à-l'âne plus complet.

Les uns disaient que le roi Tanifras
Jamais des Poronais ne deviendrait le maître,
Quoique la Czarianne avec le Chatarmas
  Au trône le voulût remettre.
Non, disait un notable, il ne le sera pas,
  Malgré que l'électeur de Sasque
  Batte le tambour comme un Basque,
  Pour contraindre les Palastins
A suivre Tanifras sans faire les mutins :
Les autres soutenaient que bientôt de Porone
  Tanifras aurait la couronne,
  Malgré les efforts des Génois
  Et la révolte des Chinois :
Que dans peu notre flotte, entre la mer baltique
  Et les ports d'Amérique,
Viendrait par terre attaquer les Anglais;

Que les desseins de Vienne auraient un sort
  funeste,
Et que le diable emporterait le reste.
  Fatigué de leurs sots discours
  Et de leur bêtise profonde,
  En espèces de même cours,
Avant de les quitter, je payai tout mon monde.
Je leur dis que le Turc se faisait capucin,
  Et que le doge de Venise,
  Dans un vaisseau de maroquin,
Était allé relever sans remise
La grande arche du Pont-Euxin,
  Qu'avait rompue un vent de bise.

Après les avoir pétrifiés par cette décharge effroyable de nouvelles étonnantes, j'allai manger, sans beaucoup d'appétit, deux vieux œufs jadis frais; après quoi je m'enveloppai un peu plus que demi-habillé entre deux draps d'une blancheur problématique et d'une propreté équivoque.

Là, remettant au lendemain
Le second tome du voyage,
Sans m'amuser à veiller davantage,
Je m'endormis jusqu'au matin.
L'Aurore, ensevelie aux liquides demeures,
Ne songeait point encore à réveiller les Heures ;
C'est-à-dire, en deux mots, pour parler plus chrétien,
Sans emprunter ce ton virgilien,
A peine était-il jour. Par leurs rauques fleurettes
A peine les vieux coqs éveillaient leurs poulettes,
Que le clairon de notre messager,
Sonnant par-tout le boutte-selle,
Je fis l'effort de me lever :

(Car au plus mauvais lit le sommeil m'est
	fidèle;
Je dormirais sur un clocher.)
Je me levai donc, non sans faire jurer
	Mon impatiente séquelle;
Enfin je regagnai ma lente haridelle,
	Ma valise et mon cordelier.

Depuis ce moment, tout le voyage fut affreux : nous ne trouvâmes plus que des chemins diaboliques, percés à travers des bois éternels,

Des ravines abominables,
Des coupe-gorges effroyables,
Dans de ténébreuses forêts,
Où cent mille lutins, cent mille farfadets,
Chaque nuit avec tous les diables
Tiennent d'horribles sabats,
Des conciles épouvantables
Auxquels je n'appellerai pas.

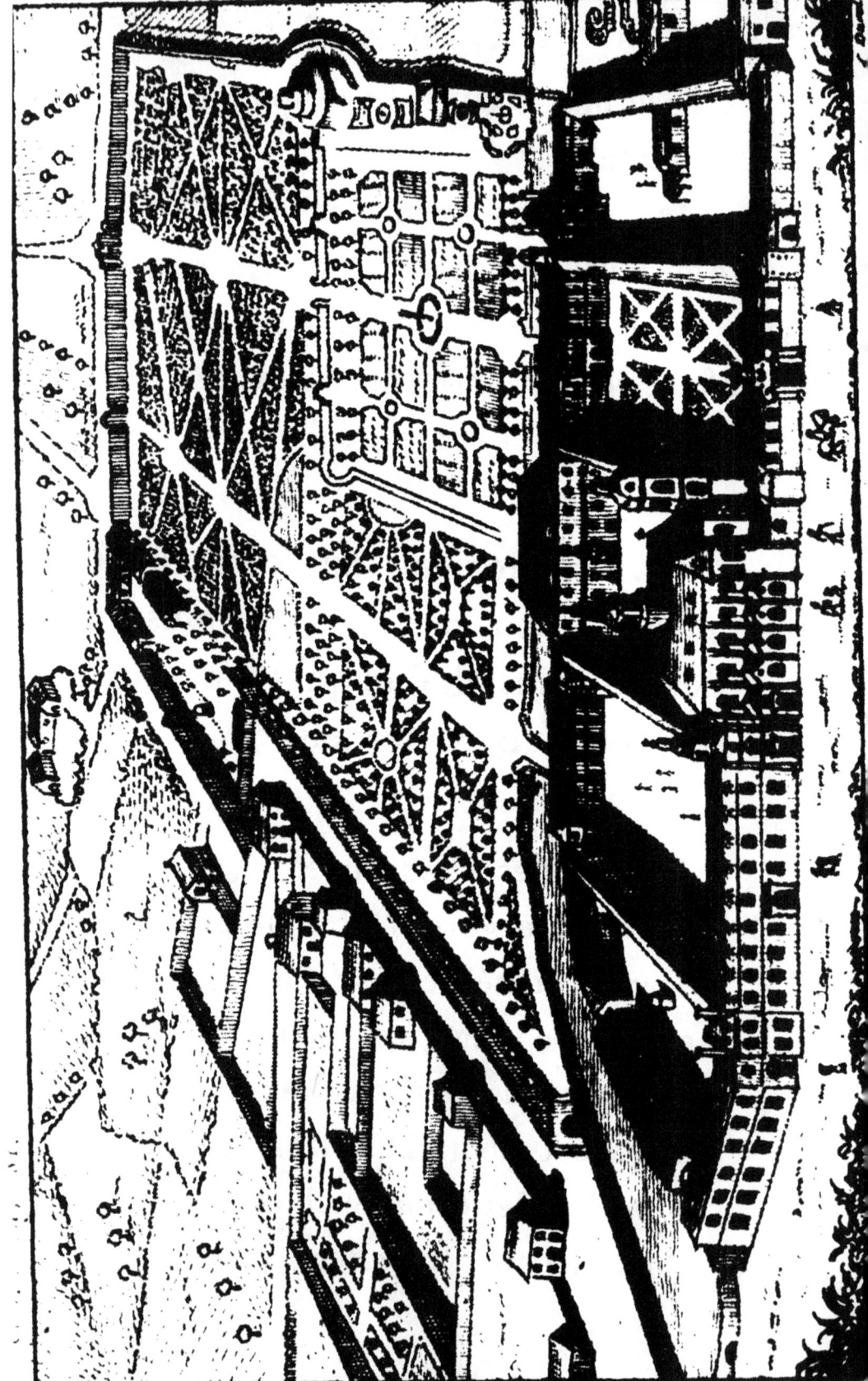

Enfin, d'horreurs en horreurs, de monstres en monstres, nous arrivâmes et nous fîmes notre entrée dans la ville, bourg et village de la Flèche, où je pris volontiers congé de ma veuve de Rossinante : que vous dire maintenant de ce pays-ci ?

> La Flèche pourrait être aimable (1),
> S'il était de belles prisons ;
> Un climat assez agréable,
> De petits bois assez mignons,
> Un petit vin assez potable,
> De petits concerts assez bons,
> Un petit monde assez passable.
> La Flèche pourrait être aimable,
> S'il était de belles prisons.

Je n'en parle ainsi que d'après des relations qu'on m'en a faites. Jusqu'aujourd'hui cependant il me paraît qu'il pleut de l'ennui à verse ; mais je m'enveloppe de mon manteau philosophique, moyennant quoi je compte que ces orages ne me mouilleront pas. Or, finissons pourtant, le postillon va partir.

Le charmant, le divin, est-il enfin guéri ?
Les graces, l'enjouement, les plaisirs, la tendresse,
 A sa santé tout s'intéresse ;
 Car tout est malade avec lui.

« Mille bonjours à tout le monde ;
» des respects à ceux qui ne voudront pas d'amitiés. J'attends une
» longue réponse : cotisez-vous tre-
» tous, et réconfortez un mort au
» monde, qui ne vit plus que dans les
» lettres de ses amis. »

NOTE
SUR LE VOYAGE
A LA FLÈCHE.

---

1 (Être aimable.) Cette petite ville est en effet une des plus agréables que nous ayons en France, tant par sa situation que par la manière dont elle est distribuée. Le collége, qui en fait un des principaux ornemens, est composé de cinq grandes cours, dont trois parfaitement quarrées, et bordées de bâtimens réguliers. La première renferme le logement des professeurs. Sur le vestibule d'entrée règne une longue galerie, où l'on voyait, avant la révolution, une suite de tableaux représentant les batailles de Henri IV, et les portraits

en pied des ancêtres de ce monarque en remontant jusqu'à saint Louis. En face, sur le terrain qu'occupait le château que Henri IV donna aux jésuites en 1603, est un beau corps-de-logis, orné de colonnes, bâti en 1785. La cour du milieu, dont les classes occupent presque tout le rez-de-chaussée, renferme une belle bibliothèque, une vaste salle pour les actes publics, et la chapelle, ci-devant dépositaire des cœurs de Henri IV et de Marie de Médicis. La troisième cour, destinée aux écoliers pensionnaires, n'a de remarquable que sa parfaite régularité. A chaque extrémité, toujours de plain-pied, se trouve une cour de ménagerie, bordée de bâtimens comme les trois premières, et à-peu-près de même grandeur.

Les jardins, à la suite desquels est

est un parc très-étendu et bien coupé, sont séparés des bâtimens par un canal d'eau vive, venant de la rivière du Loir. Une conduite de canaux, établie en 1770, y entretient plusieurs bassins et un jet d'eau qui monte à quatorze pieds. Ces eaux, dont la source est à une lieue et demie, se distribuent dans plus de cinquante endroits du collége, et fournissent à la fontaine de la ville.

VOYAGE
DE PARIS
A MARSEILLE
PAR LA BOURGOGNE
ET
PAR LE BOURBONNAIS.
PAR BÉRENGER.

BERENGER.

Bérenger, d'abord oratorien, puis professeur au collége d'Orléans, a pris naissance à Marseille. Nous avons de lui des Poésies, 1 vol. in-12, versifiées avec autant de graces que de facilité; les Soirées proven-çales, 3 vol. in-12, qu'on relit toujours avec un nouveau plaisir, à cause du ton de gaieté qui y règne; et plusieurs compilations utiles, faites avec goût, telles que la Collection abrégée des voyages autour du monde, 9 vol. in-8.°; le Recueil amusant de voyages, 7 vol. in-12, auquel il a fourni plusieurs articles; les Vertus du peuple, 2 vol. in-12, et l'École du soldat, 1 vol. in-12.

VOYAGE

DE PARIS A MARSEILLE
PAR LA BOURGOGNE
ET PAR LE BOURBONNAIS.

PREMIÈRE LETTRE.

. . . .
. . . .
. . . .
. . . . Faites en sorte que le jour de votre arrivée à Marseille soit un dimanche : c'est un moyen de vous ménager un tableau neuf et plein de vie, auquel rien n'est à comparer, si ce n'est peut-être l'arrivée des galions en Espagne. Je suppose, et cela vous est très-possible, que vous avez choisi le 8 septembre.
. . . . . . Le soleil commence à

baisser : les hautes murailles des héritages vous garantissent à moitié de ses ardeurs.......... Entendez-vous ce sourd et lointain bruissement? sentez-vous ce vent frais, cet air marin et salé? Encore quelques pas, et le flot écumeux viendra mourir à vos pieds. .... Voilà la plage : là, sont assis des pêcheurs tranquilles, dont la ligne attend le poisson : plus loin, des groupes d'enfans nus plongent dans la mer, nagent sur le dos, ou s'occupent, sur les rochers, à détacher des coquillages. Les groupes se multiplient, les anfractuosités de ces balmes servent d'asyle à des bandes joyeuses, qui, à moitié dans l'eau, se livrent à mille folâtres jeux. Les uns, comme des tritons, sonnent du cor, ou soufflent dans d'énormes conques, qu'ils appellent BIOUS ; les autres dansent sur la mousse avec de jeunes filles ; d'autres, rassemblés sur des blocs pétrifiés, font une champêtre collation avec des poissons récemment pêchés, des figues, des raisins, des melons, des pastéques. La nuit vient, les barques s'apprêtent, les banderolles flottent, les voiles se déploient; on entre dans des canots, la jeunesse y saute allégrement : les plus forts et les plus adroits enlèvent à deux mains leurs craintives amies, et, fiers de les presser dans leurs bras, montent en vainqueurs dans les bateaux, et les placent à la poupe. Le signal est donné, on lève l'ancre, on part : les rames font jaillir l'onde amère; on rit, on est heureux, et l'on arrive chez soi, fatigués, mais contens, amusés et sans remords.

Et n'allez pas croire, mon cher

ami, que je vous fasse ici des descriptions romanesques : non, je n'esquisse qu'à moitié ces rians VATEAUX ; je ne représente, ni les petits bals champêtres sous les mûriers qu'on rencontre à la porte de chaque bourgade, ni la bruyante cohue qui chante, fume et boit dans toutes les guinguettes des environs, ni les terrasses qui bordent la route, couverte de pavillons et de treillages, lesquels servent, sur le soir, d'observatoire et d'abri à nos élégantes beautés.

A mesure qu'on avance vers la ville, la foule augmente, tout cela s'en revient en chantant, en dansant, en riant ; le tambourin et le galoubet qu'on entend raisonner de tout côté, donnent insensiblement à la marche un mouvement cadencé, et à l'humeur un contentement indicible. On entre enfin, découvrant de la porte d'Aix à la porte de Rome une multitude innombrable, où l'œil ne voit que des têtes ondoyantes, semblables aux flots de la mer, quand le vent commence à les faire moutonner.

L'assemblage du cours est alors dans tout son étalage; rien de plus ravissant, de plus opposé à tout ce que je viens de décrire : de longues files de chaises, à rangs triples et quadruples, ornent le côté gauche, et sont les trônes d'un essaim de belles parées avec goût, couronnées de fleurs, exhalant l'essence de la rose et du jasmin, de la cassie et de la tubéreuse. Nulle part au monde, les yeux n'ont plus d'expression; les gestes, plus de vivacité; le parler, plus de graces et de douceur; l'esprit, plus de saillies; la conversation, plus de charmes, plus d'enjouement. Par-tout volent les ris, par-tout vous entendez des entretiens animés : (et ceux que vous n'entendez pas ne sont pas les moins intéressans.) Un doux tumulte, un murmure agréablement confus, retentissent au loin dans les airs; tout, dans ces lieux enchantés, respire un air de fête et de plaisir, d'opulence et de liberté, qui rend ce nouveau spectacle aussi vif que délicieux.

SECONDE LETTRE.

Vous hésitez, mon cher ami, vous ne savez si vous viendrez à moi par la Bourgogne ou par le Bourbonnais, et vous voulez que je vous décide; cela sera bientôt fait : prenez la route la plus courte et la plus prompte. Celle du Bourbonnais doit par conséquent vous tenter fort peu; vous la croyez plus intéressante; cela peut être, mais elle est éternelle; au reste, j'ai passé par-là, je vais vous donner un précis de mon itinéraire; vous choisirez.

Si vous partez d'Orléans pour joindre le carrosse à Briare, vous aurez une route assez belle, quoique sablonneuse ; avec de bons chevaux, vous viendrez coucher à Gien ou même à Briare : cependant je vous conseillerais de voir un moment, non pas Jargeau (quoique Turenne ait défendu durant trois heures entières la barricade de son pont-levis, sur lequel les ennemis auraient pu passer la Loire, et surprendre la cour à Gien, où Louis XIV était avec Mazarin), mais Châteauneuf, jadis la Vrillière, magnifique maison appartenant aujourd'hui à M. le duc de Penthièvre. Tout philosophe que vous êtes, ou plutôt parce que vous êtes un vrai philosophe, vous aurez peut-être la curiosité de voir dans ses jardins, ou près de quelque chaumière malheureuse qu'il va secrètement consoler, ce prince bienfaisant, vertueux et modeste, qui sait sans doute que l'humanité est le premier devoir des grands, mais qui sent encore mieux, tous les jours de sa vie, que cette généreuse et céleste vertu est l'usage le plus délicieux de la grandeur.

Le château de Dampierre mérite d'être vu : sa situation est très-belle, sa vue domine une plaine immense. Les jardins répondent à la grandeur du château. On voit dans les bosquets plusieurs statues de marbre blanc que le cardinal Mazarin avait fait venir de Rome.

Au-delà de la Loire, dans la plaine de la Sologne, on apperçoit la ville et le château de Sully. Le parc en est peigné avec une élégance rare; il est petit, mais unique, et ne pourrait être embelli que par des groupes en marbre, où l'on représenterait ce vigilant économe de l'état, cet infatigable ennemi des partisans, ce brave guerrier, ce digne ami du plus grand des rois; ici, arraché aux assassins de la Saint-Barthélemi par le principal du collége de Bourgogne; là, sauvé par Henri, roi de Navarre, du péril où l'exposait son intrépidité; au milieu d'une étoile enfin, j'aimerais à le voir aux pieds de Henri IV, qui lui adresse ces belles, ces mémorables paroles : RELÈVE-TOI, ROSNI! saillie sublime d'une ame magnanime et délicate.

Vous n'ignorez pas que Desmahis, poëte doux, aisé, plein d'esprit, naquit à Sully, ni que Voltaire médita, sur la terrasse que baigne la Loire, les premiers chants de sa HENRIADE.

A cinq lieues de Sully, vous verrez Gien et son château célèbre : cette ville était jadis le centre de plusieurs branches de commerce, et le rendez-vous d'une horde de joueurs et d'escrocs qui couraient les foires, les diligences, et finissaient souvent par meubler les chênes de la forêt d'Orléans.

Briare, ville chétive et composée de baraques, ne serait rien sans le fameux canal que projeta Rosni, qu'ouvrit Cosnier en 1604, et qu'exécutèrent les sieurs Bouteroue et Guyon, dans l'espace de quatre années.

La route devient désormais une des plus roulantes de la France. Les côteaux renommés de Pouilli, de Sancerre, de Cosne, présentent un double amphithéâtre, au bas desquels la Loire a formé son tranquille canal. De temps en temps vous ren-

contrez de jolis villages, des bassins charmans, de riches et somptueux monastères, où il doit être fort doux de faire pénitence, et enfin des villes célèbres, telles que Nevers. Vous entrez dans la capitale du Nivernois par un arc de triomphe d'un fort bon style. L'église est belle, claire et d'une majestueuse simplicité. Le château des ducs est très-ancien. Allez-y voir le superbe portrait de madame de Mortemar, peint par Henri Gascau. Admirez ses graces, si vous voulez, sa figure, son attitude, etc.; mais tâchez d'oublier sa charge, et rappelez-vous ce mot de notre ami, « que
» la femme d'un charbonnier est
» plus respectable que la maîtresse
» d'un roi. »

Le travail des manufactures de verre et de tous ces bijoux de verro-

terie mérite d'être vu un moment. Faites quelques emplettes d'étuis, de bombonnières, de bagues et de crayons garnis en perles, vous saurez bien où placer cela, vous dont la famille est si nombreuse et les cousines si gentilles.

Vous vous ennuyez, je le vois, dans la patrie de maître Adam (1), traversez la Loire, franchissez quelques marais, montez cette chaîne de côteaux couverts de bois, et vous voilà dans le Bourbonnais. Cette rivière que vous avez à droite, et dont le lit est si direct, c'est l'Allier : cette ville dont les combles terminent l'horizon au midi, c'est Moulins. Une campagne fertile, de belles plantations d'ormes et de peupliers, ces promenades spacieuses, champêtres, bien ombragées, annoncent une capitale.

Ne manquez pas de voir à la Visitation le mausolée du duc de Montmorenci, décapité à Toulouse, sous le ministère du cardinal de Richelieu : cet admirable monument que fit ériger à son époux la princesse des Ursins, est l'ouvrage de trois célèbres sculpteurs, Auguier, Poissant et Renaudin. Contemplez sur-tout la figure d'Hercule, qui représente la valeur de ce duc ; elle est d'un prix et d'une perfection inestimables. C'est dans l'enceinte de ce lugubre lieu, et aux pieds d'une urne adorée, que cette inconsolable Artémise passa les vingt-cinq dernières années d'une vie accablée d'angoisses.

Il y a du commerce et du mouvement dans Moulins ; la coutellerie y brille d'un travail solide et fini ; les marchandes vous étourdiront pour obtenir la préférence ; faites là vos emplettes, profitez des momens pour parcourir la ville ; elle est jolie, peuplée, ornée de fontaines, coupée de quelques rues droites et larges ; le cours est beau, et sent sa bonne ville ; le pont est magnifique.

D'autres vous diront, mon cher ami, qu'il pleut de l'ennui de Moulins à Roanne. Je ne suis pas de leur avis ; ce pays, qui commence à devenir montueux, présente d'une lieue à l'autre des variétés que j'aime . . .
. . . .
. . . . . Un quart-d'heure vous suffira pour voir la Palice ; le château est antique et bâti sur une hauteur.
. . . .
Un chemin uni et sablé comme une allée de jardin, sert d'avenue à Roanne : c'est là qu'est construit le premier

pont de la Loire. Tous les jours, cette ville prend de nouveaux accroissemens ; je serais peu surpris qu'elle devînt très-considérable. Elle est l'entrepôt de presque toutes les marchandises qui viennent, ou de Nantes, ou de Lyon. . . . .
Vous allez entrer dans les montagnes du Forez et du Baujolais. La montée de Tarare est célèbre ; cependant la route est si bien ménagée, le chemin est si large, si fréquenté, si bien entretenu, qu'il m'a paru bien plus fameux que difficile. J'ai plusieurs fois gravi cette montagne à pied, pour contempler à mon aise les sauvages aspects dont, à chaque cent pas, elle frappe soudainement la vue : on ne voit pas là de rochers droits, âpres, couverts de neige et de glaçons ; tout est cultivable, accessible,

mais bizarre et fortement coloré. Sur le rapide escarpement de ces monts entassés sur d'autres monts, on voit un bois de noirs sapins, perchés sur une pointe; une longue terre labourée y fuit vers un hameau; des chenevières auprès d'un étang; des prés qui s'enfoncent dans des creux verdoyans; quelques chaumières rares et pauvres, semées de loin en loin, coupent tristement la triste solitude de ces déserts. Dans le fond de tous ces ravins, on apperçoit de jolis ruisseaux bordés de deux vertes lisières qui suivent l'inégalité de leur fuite; les arbres y paraissent hauts, sombres et chevelus. On n'entend guère retentir dans ces profondeurs que la cognée des bucherons, le glapissement des renards, ou le croassement des corbeaux. On tombe enfin dans

Tarare, à-peu-près comme des nues, pour gagner les hauteurs qui couvrent l'Arbreste. Bientôt on est aux Échelles, et de là se découvre ce superbe horizon qui fuit jusqu'au Pilat, tourne vers les monts de Savoie, et n'est borné que par le Mont-Blanc.

TROISIÈME

TROISIÈME LETTRE.

Il me reste à vous parler de la seconde route qu'il vous est loisible de prendre pour vous rendre à Lyon, celle de Bourgogne. Emboîtez-vous dans la diligence à minuit, courez trois jours entiers, embarquez-vous à Châlons, et vous voilà rendu le cinquième.

Par cette voiture vous vous ennuierez moins ; mais vous vous fatiguerez bien davantage. D'abord, ce départ nocturne, ces compagnons de voyage, si étrangement assortis, ce cahotage épouvantable de Paris à Fontainebleau, le désagrément de repartir avant le jour, d'arriver toujours de nuit, de ne pouvoir marcher qu'aux montées; celui, s'il fait mauvais temps, de sentir qu'on a sur sa tête cinq à six malheureux, mouillés, couverts de neige, ou désolés par le vent. . . .

. . . .

. . . .

J'aime mieux m'occuper des avantages qui balancent ces inconvéniens. D'abord (vous allez rire, mais n'importe), un de mes grands plaisirs, quand je prends ces sortes de voitures, c'est l'avant-scène du départ, et l'arrivée du jour; quand chacun fait sa ronde des yeux, et cherche à deviner les différentes espèces de compagnons auxquels le sort l'enchaîne pendant cent lieues. Les adieux sont quelquefois tendres et touchans : combien j'ai vu de femmes aimables et sensibles conduire au carrosse leurs époux ou leurs fils, attendre en soupirant le moment du départ, les embrasser en sanglottant, s'en séparer, ou plutôt s'en arracher avec de douloureux efforts, tandis que les cochers, auprès d'elles, jurent, pressent, font claquer leur fouet, et que les chevaux impatiens, frappant du pied, font retentir les cours de leurs hennissemens aigus! J'ai vu l'année dernière un respectable père de famille, dans un silence plus expressif que tous les cris des femmes, baiser son fils, son fils unique et adoré; et, le cœur navré d'amertume, lui balbutier quelques sages avis, me le recommander avec la franchise et la confiance d'un honnête homme, en me serrant la main, comme si j'avais été son meilleur ami

(moi qui ne le connaissais pas). L'enfant monta dans la voiture, j'étais dedans ; je lui tendis la main, il entre. La voiture part ; le père nous suit en courant, appelle son fils, lui présente avec transport et regret la pomme de sa canne ; le fils y touche et la baise ; et soudain le père la retirant à lui, la baise aussi : oh ! mais avec quelle différence d'expression ! C'est assez de l'avoir vu pour le sentir ; mais ce n'est pas assez de le sentir pour le rendre. Voilà de ces traits éloquens qui peignent l'énergie de la nature et la bonté du naturel . . .

. . . .
. . . .

Mais cependant j'oublie de vous parler des curiosités de la route ; c'est que nous traversons d'assez tristes contrées. Cette forêt de Fontaine-

bleau est affreusement belle : ces vieux chênes, ces roches cariées, noires, informes, ces blocs de grès entassés au hasard, à moitié exploités pour l'équarrissement des pavés; ces hêtres élancés dans les airs, ou couchés à terre, ébranchés par la foudre, ou prêts à tomber; voilà ce que j'ai vu dans les plaisirs du roi. Fontainebleau, quand le monarque est à Versailles, ressemble à une ville dont la peste a fait un désert : quand la cour y paraît, on y est les uns sur les autres; c'est un boulvari, un cahos, une presse . . . .
. . . .
. . . .
. . . .

Sens, ville archiépiscopale, bâtie, ou plutôt construite au confluent de la Vanne et de l'Yonne, est en Champagne. Qui ne sait cela? m'allez-vous dire. Doucement, monsieur; elle était en Bourgogne il n'y a pas long-temps. Les villes voyagent aussi : Lyon, jadis sur les montagnes, est descendu dans une plaine; il commence à courir dans le Dauphiné. Paris même s'est ennuyé dans la cité, et s'est établi sur la montagne : de là, il a fui vers Montmartre; il commence à redescendre, et va, dit-on, bientôt rendre visite à Versailles. Déja sa communication avec la cour n'est plus qu'une rue illuminée en hiver. Qu'on y élève autant de maisons qu'il y a de réverbères suspendus (c'est peu de chose), et voilà la réunion faite. Sens donc, pour revenir à Sens, est une des plus anciennes villes des Gaules; il y paraît bien. Au reste, elle est grande et peuplée; les ruisseaux qui y coulent, pour la commodité des habitans, la rendent extrêmement propre : voilà tout. Cependant je dois vous dire que la cathédrale présente un beau vaisseau d'architecture gothique. La grille du chœur est d'un riche travail; vous y verrez, vous admirerez le mausolée de feu monseigneur le dauphin et de madame la dauphine. Ce morceau magnifique est le chef-d'œuvre de Coustou. La réunion des deux urnes qui couronnent ce triste monument, emblême de l'inaltérable amitié de ces augustes et vertueux époux, plonge l'ame dans une rêverie profonde et cruelle. Partons, arrivons à Auxerre; le paysage va changer. Après ces blanches plaines de la Champagne, nous allons arriver sur les côteaux de l'Auxerrois. Les vignes, par-tout égales en hauteur, d'un beau vert et couvrant entièrement les côteaux, forment un horizon doux et riant, sur lequel la vue glisse mollement, et se promène long-temps sans se fatiguer. Cette ville, ainsi que Troyes et Sens, est bâtie à la diable. Des pignons pointus, des pièces de bois peintes et chamarrées, des auvents sombres et soutenus par des piliers; tout cela adossé, par fois, à quelques belles maisons en pierre; tel est à-peu-près l'ordre et le goût de ces antiques cités.

J'aimerais mieux habiter la jolie petite ville de Joigny : elle est propre, bien déployée, bien entourée, embellie de casernes, et précédée d'un pont et de quelques allées qui font un très-aimable effet. Je ne l'ai jamais vue que le dimanche; mais je

pense qu'il ne faut la voir que ce jour-là.

Là des prés étendus, là des collines vertes,
Où murit, plein de pourpre, un raisin velouté :
Ici des bois touffus et des salles couvertes,
Où l'amour, vers le soir, égare la beauté.
Un pont majestueux unit la double rive :
Des casernes de Mars ici règnent les murs,
Et l'Yonne, en son cours, errante et fugitive,
Se plaît à les baigner de ses flots toujours purs.

Le chevalier de Bertin.

Si le carrosse coupe encore ses journées par Autun, vous verrez encore là une de nos anciennes villasses. On vous vantera beaucoup les antiquités éparses autour de ses murailles ; mais ce ne sont que des ruines misérables (2); il n'y a de beau dans cette ville que le collége et le séminaire. Le séminaire sur-tout est un palais à-la-fois magnifique et charmant : la vue est variée et rapprochée à propos; les entours sont des bosquets et des promenades du meilleur goût : je ne connais rien de pareil en France.

Le lendemain matin vous vous rendrez à Châlons-sur-Saône par un chemin montant, sablonneux, malaisé; mais peu d'heures après votre départ, vous commencerez à traverser des côteaux gras et fertiles, où la vigne s'élance en jets de quinze à vingt pieds, où les raisins ont de la douceur et de la grosseur, où le fond des vallées est rempli de grands troupeaux conduits par des bergères dont le costume est charmant. Elles portent une jupe plis-

ée à petits plis, un corps recouvert d'étoffe, des manches bordées de tavelles rouges ou bleues; leur tête est coiffée d'une espèce de toque de mousseline qui s'élève par-devant en forme de mître, et s'arrondit par-derrière comme une queue de pigeon; le pourtour est bordé de dentelle; leurs cheveux sont d'un beau noir; un collier d'or, composé de plusieurs chaînes, descend de leur cou sur leur gorge: les plus achalandées y enfilent des anneaux de verre ou d'argent, bijoux de peu de valeur, sans doute, mais inestimables à leurs yeux, par le prix que doit leur attacher la main chérie qui leur en a fait don.

Les temps sont arrivés, cessez tristes cahos.

Vous pourrez chanter ce prologue en arrivant à Châlons. Ici commencent les tableaux délicieux des bords de la Saône, dont je vous entretiendrai dans une autre épître.

QUATRIEME

QUATRIÈME LETTRE.

Nous étions à Châlons. Cette charmante ville est située dans une plaine aussi belle que fertile. Ses quais se meublent de jour en jour d'édifices bâtis dans le goût moderne et de la plus riche apparence. Les fortifications qui défendent son faubourg, quelques bastions, une tour délabrée, de vieilles courtines, lui donnent un faux air de place forte, amusant pour quiconque a vu Metz, Strasbourg et Toulon. Le dessinateur, en revanche, peut y faire de bonnes études.

J'ai passé deux ou trois fois dans ce pays-là, et ç'a toujours été un

jour de marché, et à-peu-près dans la même saison. Je ne puis vous dire le plaisir que j'ai eu à parcourir ces rues où la foule abonde pour vendre et pour acheter, pour marchander et pour choisir. . . . .
La Bresse apporte ses grasses poulardes; les vallées d'au-delà des vignes, un beurre blond comme la peau des coins, et proprement arrangé dans de jolis paniers. Le Charolois y vient entasser ses fromages; tous les environs, leurs légumes en grain, en herbages, en liasse, en botte, en monceaux. Des pyramides de fruits, des gerbes de chanvre et de lin, des pelottes de laine et de fil, des vases remplis de laitage environnent tous ces rustiques marchands : voilà les vrais trésors de l'homme; voilà le seul commerce qui rend heureux. Que

tous les colifichets de l'art sont mesquins auprès de ces utiles présens de la bonne mère nature ! Ces mille paysans en habit de fête, ces fermières si fraîches, ces laitières si propres et d'un teint si vermeil de santé; leurs ajustemens, à-la-fois si galans et si modestes; le babil, les invitations de ces villageoises (tout autrement aimables à entendre que l'air moqueur et les phrases précieuses qui vous étourdissent quand vous traversez le Palais ou le quai de Gèvres) : n'y a-t-il pas là de quoi charmer un voyageur, de quoi transporter un poëte, de quoi porter même l'attendrissement le plus doux dans une ame simple et sensible !

Embarquons-nous et changeons de pinceaux. Nous voilà sur un fleuve indécis, pour ainsi parler, de quel côté il versera son urne. Heureusement nos pilotes, armés de fouets, sanglent les zéphirs qui nous tirent.

Quand je suis là, je cherche un coin sur le tillac où je puisse, assis et sans gêner la manœuvre, voir, admirer ce paysage enchanteur, plus beau cent fois que les jardins de la Touraine et de l'Orléannois, plus paré, plus boisé, plus animé que les bords tant vantés de la Moselle et du Rhin. Abrité de mon parasol, ma lunette à la main, les yeux au guet, je demande sans fin et sans cesse le nom des châteaux et des villages qui semblent venir à moi, et me présenter successivement tous leurs aspects, pour inviter mes crayons à reproduire leurs formes saillantes et fugitives. Je promène mes regards émerveillés, tantôt sur des hauteurs imposantes, plus souvent sur des fermes dont l'air champêtre et sans prétention ressemble à la bergère que j'apperçois sous un saule du voisinage, et dont la naïve simplicité fait le seul ornement. Ici, paraissent des jardins couverts de frais ombrages, et des murs tapissés de pêches; là, des bosquets voluptueux, des allées de figuiers, et de verdoyans tapis de gazon; plus loin, des ponts rompus, des ports où l'on s'embarque, des trains qui remontent, tandis que nous descendons, et dont les cordages, embarrassés parmi nos mâts, font pencher la diligence, crier les femmes et jurer tous les mariniers.

Des nuages de moucherons éphémères, plus légers que des atomes d'édredon, plus blancs que la neige, commencent à s'élever sur la surface

du fleuve ; une fraîcheur se fait sentir, qui nous annonce le déclin du soleil. On attache au cou de nos hippopotames de bruyantes sonnettes, dont le tintement, mesuré par le pas et répété par l'écho, répand sur tout le paysage un ton de mélancolie délicieux . . . .
Enfin nous arrivons.

J'ai toujours vu Mâcon de nuit ; je ne sais ce que c'est ; ainsi vous perdez une description : demain je tâcherai de vous dédommager. Adieu.

CINQUIÈME LETTRE.

Pour tromper l'ennui et la longueur du voyage, que chaque grande ville soit un but où vous soyez empressé et bien aise d'arriver; surtout, sachez voir la campagne et sentir la nature.

> Les bois, les vallons, les montagnes,
> Toute la scène des campagnes
> Prend une ame et s'orne pour moi.
> Aux yeux de l'ignare vulgaire,
> Tout est mort, tout est solitaire;
> Un bois n'est qu'un sombre réduit,
> Un ruisseau n'est qu'une onde claire,
> Les zéphirs ne sont que du bruit.
> Aux yeux que Calliope éclaire,
> Tout brille, tout pense, tout rit, etc.

Ces commodes maisons, ces bosquets engageans, ces espaliers si bien taillés ne vous appartiennent pas, j'en conviens; vous pouvez cependant vous approprier tout cela. Peuplez ces jolies habitations d'êtres que vous aimez et dont vous soyez aimé : tout ce qui vous est arrivé d'heureux dans la vie, tout ce que vous avez imaginé de projets, il faut le transporter sur ces magiques bords.

Souvent, en s'attachant à ces fantômes vains,
Notre raison séduite avec plaisir s'égare;
Elle-même jouit des objets qu'elle a feints,
Et cette illusion, pour quelque temps, répar
La perte des vrais biens que la nature avare
  N'a pas accordés aux humains.

Vous n'avez jamais vu Lyon, Lyon la seconde ville du royaume, et l'une des plus célèbres de l'Europe par son négoce et par le nombre infini de ses manufactures : vous y serez dans quelques heures. Cette multitude de châteaux et de maisons de plaisance, disséminés sur les deux côtés de la route; tous ces bateaux chargés de voyageurs et de marchandises qui montent et redescendent; ces villages si rapprochés, si élégamment bâtis, ornés de quais et de fontaines; ces parcs dont l'œil ne perd rien, parce qu'ils remontent l'amphithéâtre des collines, les enserrent dans leurs contours, et présentent, comme sur un plan lavé, le détail des cultures, les massifs des grandes futaies et des bocages fruitiers : ces maisons assises sur des terrasses, ces balcons dorés, ces jets d'eau, ces orangers, ces myrthes taillés en boule, en éventail, et entre-mêlés de statues : tant de recherche, tant d'opulence, annoncent l'approche d'une grande ville et la prospérité de son commerce.

Je ne connais rien de si beau dans l'univers, que le paysage qui s'étend depuis Trévoux jusqu'à Lyon. Les environs de l'Isle-Barbe ont été cent fois dessinés comme ceux d'Albunée et de Tivoli ; les divers aspects de roche taillée de Fontaine et de Saint-Cyr sont aussi frais, aussi riches, aussi amoureux que les vallées de l'Arcadie et de Tempé. Ici, des cascades produites par le trop-plein des étangs et des fontaines. Là, j'aime à voir le repos des plaines labourées, et le jeu des pentes et des roides talus, et ce mélange ondoyant et serpentant de collines et de vallées, et ces morceaux forts et vigoureux, où des rochers, hardiment entassés, taillés à pic, pendans en voûte, s'avancent fièrement des deux côtés jusqu'aux rives du fleuve que je descends : je veux appercevoir dans le lointain, et parmi de verds pâturages bordés de saules, des fermes agricoles ou pastorales, des charrues, des bœufs, des chevaux, et tout leur champêtre équipage.

Vis-à-vis la Fréta, maison de campagne du célèbre M. Poivre (3), s'ouvre une plaine circulaire, où l'on voit presque toutes ces beautés rassemblées. Des accidens assez disparates s'y accordent cependant entr'eux par des liaisons pleines de mollesse. La nature semble y modéler, avec ses graces inimitables, les formes les plus enchanteresses, les plus poétiques. La rivière se promène à longs replis au pied du côteau sur lequel la maison repose; la plaine est en face.

Du haut de son jardin chinois, vous découvrez devant vous des isles, dont la Saône a librement façonné les bords inégaux; des maisons décorées de peintures éclatantes, et appuyées sur de grands et sombres massifs de verdure; plus loin, des côteaux couverts de vignes et de noyers, des replats incultes, coupés de chemins obliques et tortueux, des bouquets de bois qui paraissent comme suspendus sur les rapides penchans qui regardent le nord.

Enfin, des hauteurs surmontées de villages, par-dessus lesquels dominent des tours à demi-ruinées, terminent le lointain du tableau.

Mais il faut, pour en jouir, chercher les points de vue favorables,
passer

passer de l'une à l'autre rive, monter au sommet des rochers, ou gravir sur Moncindre par une belle matinée; alors regardez tout autour de vous; votre œil ravi erre d'enchantemens en enchantemens; vous découvrez je ne sais combien de provinces, la Bresse, le Bugei, le Baujolois, les montagnes du Forez, celles de Grenoble, et la Saône et le Rhône. C'est un plaisir dont je jouis l'année dernière avec les plus belles nymphes de ces cantons. Hélas! m'auront-elles pardonné d'avoir vu ce jour-là quelque chose de plus beau qu'elles? Femmes, daignez m'en croire, votre trône n'est point sur le sommet des montagnes; embellissez de rians jardins, rivalisez les plus belles fleurs, faites honte, vous le pouvez, au lis éblouissant, à la rose éclatante, régnez dans les bosquets et sur les sophas de verdure; mais ne vous entourez pas de ces grands objets, qui, excitant tout notre enthousiasme, vous enlèvent nécessairement des hommages dont vos charmes sont si jaloux.

De Montcindre, ou plutôt de ce Mont-d'or, si fameux par ses vins et par son laitage, vous descendrez au village de Saint-Rambert, et vous passerez à l'Isle-Barbe. Cette isle, célèbre dans l'histoire ecclésiatique, est formée par un rocher, qui promine à sa poupe, et sur lequel sont bâties quelques maisons, plus singulières à voir que commodes à habiter. Sa proue, vers Lyon, est une pointe en pente douce, plantée de verds tilleuls, qui semblent n'attendre là que des bals champêtres et des grouppes de spectateurs. Les environs sont charmans; cependant on n'y est presque plus à la campagne; les équipages roulent de tous côtés, et débarquent aux grilles des châteaux, des petits-maîtres en parasols, et des têtes à grand plumage. Les atours ne sont pas seulement frais, ils sont riches : on mêle les fleurs aux diamans, et la prétendue simplicité de cette parure de campagne coûte encore plus à préparer que la toilette d'un souper prié.

Vous ne serez pas frappé de l'entrée de Lyon par la Bourgogne : l'affreux donjon de Pierre-Scise attriste le regard et flétrit l'ame ; quelques beaux édifices, tels que l'arsenal, les greniers d'abondance, frappent davantage : du côté opposé, des jardins élevés en terrasses bornent et charment la vue. Les ponts (4) commencent, on entre enfin dans le cahos.

Adieu les douces odeurs de la campagne ; adieu les molles pelouses et les bergères naïves. Le bruit des métiers à soie remplace le mugissement des troupeaux ; le tintamare des cloches et des voitures, les cris des marchands, les querelles des mariniers vous assourdissent : ce premier moment n'est pas agréable. C'est lorsqu'on a parcouru ces quais superbes et commodes, quand on a contemplé la magnificence des nouveaux quartiers, admiré la place et les façades de Bellecour (5) et des Terreaux (6), visité les chartreux et Fourvière, et la bibliothèque de l'oratoire (7), et les nouveaux travaux Perrache ; c'est quand on a suivi les divers procédés des tireurs d'or, des fabricans (8), dessinateurs, et vu le mouvement prodigieux, l'incroyable fermentation de tous les comptoirs aux approches des paiemens; c'est alors qu'on s'écrie avec Scaliger :

Lugdunum jacet antiquo novus orbis in orbe,
Lugdunumve vetus orbis in orbe novo.

Vous comprenez bien que je ferais aisément un volume sur Lyon, si je voulais tout détailler et tout dire.......

Voyez Lyon; mais hâtez-vous de venir me joindre. Embarquez-vous sur le Rhône; la rapidité de ce fleuve secondera l'impatience de mes desirs.

NOTES

SUR LE

VOYAGE DE PARIS

A MARSEILLE.

---

1 (Maître Adam.) BILLAUT (Adam), connu sous le nom de MAITRE ADAM, menuisier à Nevers, et surnommé le VIRGILE AU RABOT, était un homme singulier, qui, sans aucune littérature, devint poëte dans sa boutique. Écrivain sans correction et sans art, les négligences, les fautes même se multiplient sous sa plume ; mais, au milieu de ce sable et de ces cailloux, brillent des paillettes d'or. Tout le monde connaît sa chanson : AUSSITÔT QUE LA LUMIÈRE VIENT

REDORER NOS CÔTEAUX. Maynard, son ami, disait que « les muses ne devaient être assises que sur des tabourets faits de sa main ». Chaque recueil de ses ouvrages porte le nom d'un des instrumens de son métier. Le premier parut en 1644, sous le nom de CHEVILLES, in-4.°; le second, en 1663, sous celui de VILLEBREQUIN; et le troisième, sous le titre de RABOT, in-12.

Ce poëte menuisier mourut, en 1662, à Nevers, qu'il n'avait pas voulu quitter pour le séjour de Versailles.

2 (Des ruines misérables.) Tels qu'ils sont, ces débris suffisent pour attester l'ancienne splendeur d'Autun, saccagé six à sept fois par les barbares, et renversé de fond en comble. Les principaux sont deux

temples, situés hors de la ville, et dédiés, l'un à Janus, l'autre à Pluton.

Le temple de Janus est quarré, comme tous ceux consacrés à ce dieu : il n'en reste que deux côtés. Les murs extérieurs, dont le parement est en pierre taillée et assortie au même échantillon, ont environ cinquante pieds de largeur en-dehors, six à sept d'épaisseur, et soixante-cinq de hauteur. Cet édifice était vraisemblablement voûté en briques ou en blocage, voûte légère comme celle du palais des Thermes à Paris.

La quantité de marbres, de pavés, de mosaïques qu'on a trouvée dans le champ où ce temple est situé, fait présumer qu'il était environné d'édifices.

Le temple de Dis ou Pluton, situé à l'extrémité du pont d'Arroux, est tellement ruiné, qu'il n'en reste, pour ainsi dire, que la forme circulaire, d'environ cinquante à soixante pas de tour. Dans le temps de la ligue, on en fit une grosse redoute, pour garder la tête du pont, et l'on y avait ajouté des constructions modernes, ce qui avait fait douter à quelques-uns que ce fût un bâtiment antique ; mais la simple inspection suffit pour le faire décider de construction romaine.

A quelque distance était le temple de Proserpine, aussi de figure ronde; mais les eaux l'ont entièrement détruit.

3 (M. Poivre.) Poivre, ancien intendant des isles de France et de Bourbon, naquit à Lyon, en 1719, et mourut dans la même ville, en 1786. Observateur judicieux et écri-

vain philosophe, il a laissé quelques ouvrages courts, mais pleins et bien écrits, entre autres les VOYAGES D'UN PHILOSOPHE, in-12, qui renferment des observations sur les mœurs et les arts des peuples de l'Asie et de l'Afrique. Ayant vu une prodigieuse multitude de choses et d'hommes, et réunissant à des connaissances très-étendues une mémoire admirable, il n'eut jamais le ton affirmatif. Jamais aucun emportement ne dérangea la paisible dignité qui le caractérisait. Un heureux mélange de raison et de bonté lui avait donné un sang-froid inaltérable, et l'avait rendu supérieur aux passions : très-peu d'hommes ont porté aussi loin que lui la philosophie pratique.

4 (Les ponts.) Entre cinq ponts considérables, l'on distingue le pont

Morand et le pont du Rhône. Le pont Morand, ainsi appelé du nom de son architecte, est construit en bois, et les voitures n'y passent point. Chaque pile, formée d'une seule travée de poteaux espacés les uns des autres, n'oppose à la rapidité du fleuve que l'épaisseur d'un poteau. Les avant-becs sont garnis de barres de fer triangulaires. Quatre pavillons symétriques, en forme de socle et en maçonnerie, servent d'ornement aux deux extrémités. Ce pont mène aux Breteaux, vaste promenade, plantée en quinconces, où l'on trouve des guinguettes très-fréquentées.

Le pont du Rhône, qu'on nomme aussi pont de la Guillotière, parce qu'il conduit au faubourg de ce nom, est composé de vingt arcades, comprenant deux cent soixante toises de longueur.

longueur. Au lieu de le construire, dans toute son étendue, sur une ligne droite, on en a bâti une partie en retraite; ce qui forme un angle, à-peu-près vers le milieu, pour lui donner la force de résister à l'impétuosité du Rhône. Depuis, l'on a bâti un nouveau pont, que l'on a scellé contre l'ancien avec des liens de fer; et, ce qui offrait encore plus de difficulté, on est parvenu, il y a environ cent ans, à ne faire qu'une arche de deux, en abattant une pile.

5 (Bellecour.) La place de Bellecour, presque au centre de la ville, entre le Rhône et la Saône, forme un parallélogramme très-alongé, dont les extrémités sont, dans toute leur largeur, décorées de bâtimens parallèles et symétriques, et, du côté du midi, dans la longueur, par plu-

sieurs rangs d'arbres plantés en quinconces. Au centre de la place était ci-devant la statue équestre de Louis XIV, élevée sur un piédestal de marbre blanc, au-dessous duquel on voyait deux grandes statues de bronze, représentant le Rhône et la Saône. Une balustrade de fer renfermait le tout. Dans l'espace qui se trouve entre la place qu'occupait cette statue, et les maisons, sont deux fontaines jaillissantes et de la même forme. La statue et tous les ornemens en bronze avaient été exécutés, sur les dessins de Cotte, par Chabry père; et les grouppes de génies et autres ornemens des fontaines, par Chabry fils. Les statues du Rhône et de la Saône, ainsi que les trophées placés sur les deux faces du piédestal, étaient des frères Coustou. La statue équestre avait été jetée en fonte par les Keller, en 1674, sur le modèle de François Desjardins, conduite à Lyon en 1701, et placée en 1715.

6 (Terreaux.) La place des Terreaux a pour principal ornement l'Hôtel-de-ville, édifice isolé, dont la façade, élevée sur les dessins du célèbre Mansard, présente au milieu un corps quarré terminé en coupole, avec deux pavillons aux extrémités, formant avant-corps, et une galerie saillante au-dessus du portail.

7 (Bibliothèque de l'oratoire.) Cette bibliothèque occupe un vaste et magnifique corps-de-logis, dont la façade règne sur le quai du Rhône. On y est frappé de l'étendue du vaisseau, du grand jour dont il est éclairé, et sur-tout du tableau brillant et animé qu'y présentent le quai, le cours

du Rhône, chargé de bateaux et de moulins flottans, le pont de la Guillotière et les objets qui sont au-delà. Cette salle a quinze pieds de longueur sur trente-trois de largeur et trente-neuf de hauteur. Seize rangs de livres remplissent l'étendue de ses quatre faces. On y trouve, entr'autres livres rares, une HISTOIRE GÉNÉRALE DE LA CHINE, en trente volumes, imprimée à Peckin, en caractères chinois, et un HERBIER, sur vélin, avec figures, qu'on juge avoir plus de six cents ans d'ancienneté.

Le Cabinet d'antiques, attenant à la bibliothèque, contient une suite d'idoles, de lampes antiques en bronze, d'urnes, de lacrymatoires et d'instrumens de sacrifices.

On trouve dans le Médailler une suite de médailles anciennes et modernes, et une grande quantité de monnaies; quelques pierres gravées, et des sceaux depuis le douzième jusqu'au quinzième siècle.

8 (Fabricans.) En temps de paix, les manufactures de Lyon occupent au moins trente mille personnes. Dans celles du premier ordre, se font ces étoffes d'or, d'argent et de soie, dont les étrangers nous envient la perfection. Les galons, rubans et passemens occupent les manufactures du second ordre. Ces fabriques absorbent, année commune, pour plus de douze millions de matières. A ces travaux sont subordonnés ceux des tireurs d'or, des fileuses de soie, des teinturiers, etc.

Pour mouliner la soie, un cheval, à un quatrième étage, fait tourner une roue qui en met plusieurs autres en jeu dans les chambres inférieures, lesquelles font tourner plusieurs milliers de bobines, qui se garnissent en quelques instans. On attribue l'invention de cette machine au célèbre Vaucanson.

VOYAGE
A LA
GRANDE CHARTREUSE;
PAR LE P. MANDARD,
DE L'ORATOIRE.

LE P. MANDARD.

Il est peu de recueils qui ne renferment quelques pièces de ce littérateur : on y trouve des tirades heureuses ; mais, en général, on y désirerait moins d'emphase et plus de précision.

VOYAGE

A LA

GRANDE CHARTREUSE.

Vous me demandez, mon cher, mes vers sur la grande chartreuse (1) : c'est un léger présent à vous faire.

Pour répondre à votre amitié, je vous les envoie néanmoins avec la relation entière de mon voyage à cette célèbre solitude. En vous en faisant la description, je voudrais bien pouvoir vous communiquer tout le plaisir que j'ai eu à la voir. Loin d'abuser de votre loisir, ce serait vous procurer un de ces momens rares dans la vie, où l'ame est satisfaite au plus haut degré, sans nul fâcheux retour.

Le 8 du mois d'août 1775, je partis de Grenoble avec quelques-uns de mes amis. On ne compte de cette ville à la grande chartreuse que cinq lieues, qui en valent dix de celles de Paris. Nous tournâmes d'abord le mont Saint-Ernard, et nous prîmes la route du Sapé, ainsi appelé de la multitude de sapins qui couvrent cette énorme montagne. Depuis cinq heures du matin que nous étions partis, jusque vers midi, nous ne cessâmes de gravir moitié à pied, moitié à cheval. Il est vrai que nous faisions des haltes, autant pour respirer, que pour contempler à loisir, du haut des rochers, la beauté des lieux et des vallées. Celle du Graisivaudan, sur-tout, où est située Grenoble, me parut frappante. Le Drac et l'Isère arrosent ce canton, mais à si grands replis, et par

par tant de contours, que ces deux rivières semblent en former une vingtaine. Les champs, dont la culture est très-variée, et qui se trouvent au milieu de ces contours, ont l'air de petites isles. Des hameaux, des vergers, grand nombre de plantations, différencient encore cette scène. Grenoble et ses environs, placés au fond du tableau, embellissent la perspective, et la chaîne immense des hautes montagnes l'agrandit et la prolonge.

En nous procurant ainsi par intervalles les plaisirs de la vue, et en avançant toujours, nous arrivâmes au haut du Sapé. On y rencontre un petit village, où nous nous arrêtâmes pour faire usage des provisions que nous avions apportées.

Les chaleurs étaient accablantes à

Grenoble la veille que nous en partîmes ; mais, au Sapé, nous fîmes faire du feu à cause du froid. L'air y était vif et piquant, et les fruits de la saison fort retardés : les cerises ne faisaient que rougir. Nous pouvions être alors à quinze ou seize cents pieds au-dessus du niveau de l'Isère. Après notre repas, sur le point de nous remettre en marche, nous prîmes le parti de renvoyer nos chevaux par le guide qui nous accompagnait, n'ayant plus alors qu'à descendre, et nous voyant d'ailleurs assez près du but de notre course : nous continuâmes donc à pied notre route. Du Sapé au village de Chartreuse, qui donne son nom à tout ce grand désert, on traverse presque toujours des forêts de sapins : les plaines sont rares, peu cultivées et médiocrement fertiles. Le village de Chartreuse offre un aspect singulier : il occupe une vallée assez considérable; les maisons, ou plutôt les cabanes des paysans y sont isolées les unes des autres, et représentent une de ces anciennes Laures, si connues dans les annales monastiques. L'église est au fond avec la maison du curé, qui semble dominer de là sur tout le reste de la vallée. Le chemin qui conduit à la chartreuse se prolonge à gauche au pied des côteaux : vous ne savez, ce semble d'abord, où vous allez aboutir; mais tout-à-coup s'ouvre une gorge, où l'on descend par un sentier plein de cailloux, et l'on arrive à deux rochers d'une élévation surprenante, fort rapprochés l'un de l'autre. Il y a là un courant d'air qui glace. Dans l'espace qui sépare ces rochers, on a jeté un pont sous lequel coule un torrent qui traverse la partie inférieure du désert dans toute son étendue. L'industrie des chartreux a mis à contribution ces eaux : ils s'en servent pour des forges, pour des moulins, pour des machines à scie et autres usages.

A une demi-lieue de l'entrée, on découvre les bâtimens des religieux : l'architecture en est noble, simple et solide. Toute la partie du devant, construite en pierres de taille, et couverte en ardoises, est destinée au logement des supérieurs de l'ordre et des étrangers. On y arrive par une cour assez vaste, où sont deux bassins d'eau vive, sans cesse renouvelée par un jet qui s'élève à sept ou huit pieds. Dans cette même partie est l'église, qui n'a rien de remarquable qu'un grand goût de décence et de simplicité.

Derrière ces édifices, est le cloître, avec les cellules des solitaires, dans un espace de six cents pieds de long. Il y a cent cellules au moins, et l'eau coule par-tout aussi froide que la glace.

Autour de ces deux grands corps-de-logis, on voit une multitude d'autres bâtimens, écuries, greniers, infirmeries, ateliers d'ouvriers de toute espèce; menuisiers, serruriers, maréchaux, cordonniers, et même fabricans d'étoffe et de toile à l'usage de la maison.

L'autre extrémité de la solitude, par où nous sommes revenus, réunit, dans l'espace de cinq quarts de lieue, toutes les plus belles horreurs qu'on puisse imaginer.

La sortie en est fermée, comme l'entrée, par deux gros rochers, qui en sont comme les portes naturelles. Un peu plus bas, toutes les eaux, réunies dans un même lit, se précipitent en bouillonnant, et forment une cascade majestueuse qui termine cette grande scène, et met le comble à la satisfaction du voyageur.

Avec un peu de loisir j'aurais mis les vers suivans sur les tablettes que les religieux sont dans l'usage de présenter aux étrangers, au moment de leur départ :

Déja de Saint-Ernard disparaissent les cimes
J'avais du noir Sapé contemplé les abimes,
Et le Drac et l'Isère avaient fui de mes yeux,
Quand enfin j'arrivai, cher Alcippe, en ces
lieux.

A LA CHARTREUSE.

Dès que j'en apperçus l'auguste et sombre entrée,
Mon ame de respect soudain fut pénétrée.
Je ne sais quelle voix semblait dire à mon cœur
Qu'au sein de ces rochers habitait le bonheur.
J'avance; deux grands monts sur moi courbés en voûte,
Tout fiers, tout imposans, semblent, du haut des airs,
Interdire aux humains l'abord de ces déserts.
L'aquilon bat leurs flancs; et leurs bases profondes,
Voisines des enfers, se cachent sous les ondes.
Je franchis, tout pensif, ce passage effrayant,
Et dans l'ombre des bois je m'enfonce à pas lent.

. . . .
. . . .

Tout, dans ces vastes lieux, parle à l'homme qui pense.
Un long amphithéâtre, orné de vieux sapins,

Y tient lieu de remparts, de murs et de jar‑
dins.

Mille torrens tombant, par cascades bruyantes,
A travers les débris des roches mugissantes,
Les oiseaux à grand vol, les aigles, les milans,
Joignant leurs cris aigus au sifflement des vents,
Les arbres fracassés par l'effort des orages,
L'éboulement des rocs, et leurs tristes ravages,
Les collines, les monts de frimats couronnés....
Ce spectacle plaisait à mes sens étonnés.
L'homme à ces grands objets mêlant son in‑
dustrie,
Redouble la surprise, élève le génie.
L'œil ardent, les bras nus, et les cheveux
épars,
On voit là le travail animer tous les arts :
Non ces arts dangereux que le luxe féconde,
Mais ceux que les mortels, aux premiers jours
du monde,
Contraignant la nature à seconder leurs soins,
Ont su par mille efforts créer pour leurs be‑
soins.

Par le soc et l'engrais, là, malgré la froidure,
Le plus aride sol se prête à la culture ;
D'innombrables troupeaux, au milieu des vallons,
Fournissent tour-à-tour leur lait et leurs toisons ;
Là se file le chanvre, ici s'ourdit la laine ;
Plus loin, dans les forêts, le pin, l'orme et le frêne,
Roulent, du haut des monts, par la hache abattus :
Sur des gouffres, ailleurs, des ponts sont suspendus :
Par-tout au mouvement l'adresse s'associe.
Ici tonne l'enclume, et là frémit la scie.
Dans le flanc des fourneaux, par Éole allumés,
On entend bouillonner les métaux enflammés ;
Le feu, l'air, tout agit, et, le long des rivages,
Les flots précipités font mouvoir cent rouages.
Le bruit des balanciers, des forges, des marteaux,
Le fracas des torrens, doublé par les échos,

Les ressorts, les leviers et le jeu des machines,
Un si grand appareil au milieu des ruines......
Je te l'avoue, Alcippe, à cet aspect frappant,
Je devins immobile. . . . .
Je prolonge ma route où l'espace est ouvert,
Et bientôt je pénètre au centre du désert.

Au pied de longs côteaux d'où coule une onde pure,
Il est dans le contour d'une vaste clôture,
Un assemblage heureux de tranquilles foyers.
Simples, et dans leur forme égaux et réguliers.
Un temple est au milieu, retraite où l'on n'admire
Que l'humble piété qui sans cesse y soupire.
Avec elle, en ces lieux, brûlant du saint amour,
L'innocence et la foi font aussi leur séjour :
La vérité s'y plaît, et l'austère silence
En écarte à jamais le trouble et la licence.
. . . .
. . . .

Seul avec la nature et son auguste maître,
Inconnu, retiré dans ce réduit champêtre,
Là, l'homme, du vrai bien uniquement épris,
Se montre le rival des célestes esprits.

. . . .

. . . .

Loin de notre vain luxe et de nos ridicules,
Là, mes yeux, cher Alcippe, ont vu, sous cent cellules,
Cent modestes vieillards, qui, dans un corps mortel,
Attendent, pleins d'espoir, le séjour éternel.
La joie est dans leur cœur, la paix sur leurs visages :

. . . .

Bienfaisans pour autrui, pour eux durs et sévères,
Ils nourrissent le pauvre, accueillent l'étranger,
Enrichissent l'état, loin de le surcharger.

Principes, mœurs, vertus, quand tout tombe et s'abime,
Eux seuls servent encor de contrepoids au crime.
Faibles, si notre cœur ne peut les imiter,
Sachons du moins, ami, sachons les respecter.

NOTE
SUR LE VOYAGE
A LA
GRANDE CHARTREUSE.

---

1 (La grande chartreuse.) La grande chartreuse est ainsi nommée, parce que c'est la première où l'ordre a été institué, et qu'elle en était le chef-lieu.

Le passage du Sapé, pour y arriver, est dangereux, malgré les soins qu'on a pris pour le rendre praticable.

VOYAGE

A

LA TRAPPE,

PAR M. DE P.***

Cette bagatelle est l'essai d'un jeune homme qui, depuis, s'est livré à des travaux plus graves.

VOYAGE

A LA TRAPPE.

A M. DE ✱✱✱.

A vous qui des fleurs de Cypris
Couronnant la Philosophie,
Rendez moins austère Thémis,
Donnez l'air grave à la Folie,
Et savez l'art, sans pruderie,
D'être sage, même à Paris.

C'est à vous, mon cher, que nous adressons, suivant vos désirs, une description étendue de notre voyage à la Trappe. Quand on a lu les vers charmans de Bachaumont et de Chapelle, il y a sans doute de la dureté à l'exiger, et de la témérité à l'entreprendre. Je vais pourtant vous satisfaire ;

Et des cinq originaux
Que rassembla le voyage,
Avant tout, en peu de mots,
Je dessinerai l'image.

L'un, philosophe à vingt ans,
Sans en être plus sauvage,
Joignait au don du bon sens
L'agrément du badinage.
Le plaisir et la raison
Partageaient son cœur aimable :
Dans sa retraite, Caton,
Fontenelle avec Ninon ;
C'était Épicure à table :
Ariste sera son nom.

Disciple du vieux Jérôme,
L'autre alliait, sans aigreur,

Aux plaisirs formés pour l'homme,
Les devoirs du créateur :
Plus vertueux que Pacôme,
Plus aimable qu'un docteur ;
C'est DAMIRE qu'on le nomme.

Le troisième, c'est GALLUS :
Au printemps de la jeunesse,
Sans détester la Sagesse,
Il lui préfère Momus,
Et détache avec adresse
La ceinture enchanteresse
D'Euphrosine et de Vénus.

Suit DANDIN : ainsi j'appelle
Ce Grognard, homme divin,
Qu'on voudrait dépeindre en vain.
Économe par systême,
Avec gravité badin,
Dévot, mais de ceux qu'on aime ;
D'ingénieux calembours,
Dans son comique délire,

Assaisonnant ses discours,
Et n'ayant, pour faire rire,
Nul besoin d'avoir recours
Au piquant de la satire.

Reste à faire mon portrait :
Oserai-je le décrire ?
Oui, me voici trait par trait.
Indulgent par caractère,
Pacifique par humeur,
Je ne fis jamais la guerre
Qu'au mortel plein de hauteur,
Qui s'adore et se révère.
J'ai pitié des ignorans ;
Pour les fats, je les méprise :
Je déteste les méchans,
Et je ris de la sottise.
Dorat l'a dit, et je crois
Qu'on peut persiffler sans crime :
Des sots rire quelquefois,
Entre aussi dans mon régime.

La gaité file mes jours :
Exempts de soins et de larmes,
L'amitié me les rend courts ;
Le plaisir m'offre ses charmes :
A la sagesse, aux amours,
Tour-à-tour je rends les armes.

Mais c'est trop s'occuper des personnes : passons aux choses. Le premier bourg qui se présenta à nous fut celui de Saint-Denis. L'église en est célèbre :

Là reposent nos monarques,
Quand des parques
Ils ont senti les fureurs ;
Et dans le tombeau même ils conservent les marques
De leurs antiques grandeurs.
Là, Duguesclin et Turenne,
Près de nos rois, sous le marbre étendus,

A l'abri de l'envie et des traits de la haine,
    Prouvent aux Anglais prévenus
      Que notre reconnaissance
    Sait éterniser les vertus,
    Et qu'on respecte encore en France
    Le grand homme qui n'est plus.

Je ne vous dirai rien de ce qu'on appelle le Trésor : le détail de ce qu'il renferme serait aussi long qu'ennuyeux. Je me hâte d'arriver à Lusarche : c'est un bourg à six lieues de Saint-Denis. Mes compagnons furent jaloux d'en visiter la paroisse.

    Sur la pointe d'un long rocher
    S'élève une antique masure,
    Dont la grotesque architecture
    Dans le lointain va se cacher.
    Le jour, dans cette église obscure,
    Entre à peine par le clocher :
                     Pour

Pour ornement est au plancher
D'un saint la gothique figure,
Qu'on ne voit encor qu'en peinture,
Qui commence à se détacher.

Nous y fûmes conduits par un chanoine obligeant, qui nous vanta beaucoup sa vie retirée et un peu champêtre. Oui, messieurs, nous disait-il :

Loin du monde vain et trompeur,
Loin du cagot, loin du critique,
Du petit-maître famélique,
De l'Agnès à fausse pudeur ;
Loin de ces vieilles tourterelles,
Cherchant des Amadis fidèles,
Dont l'œil ne soit pas rebuté
Par des dents tous les jours nouvelles,
Et par un visage acheté ;

Loin de Bardus toujours stupide,
Loin de nos abbés sémillans,
De nos marquis à tête vide,
De nos robins à froid bon sens ;
Sans besoins comme sans envie,
Au fond d'un champêtre taudis,
Je sens les charmes de la vie.
Jeanne et le céleste pourpris,
Voilà quelle est ma compagnie,
Et pour moi c'est un paradis.

Nous laissâmes notre bon chanoine pour continuer notre route ; et dans moins d'une heure nous arrivâmes à Chantilly.

Le château, les parcs qui l'environnent, sont superbes ; c'est le séjour de la volupté et de la nature embellie. Que d'objets charmans s'y présentent à la vue ! que de bosquets enchanteurs !

A LA TRAPPE.

Non, ces lits parfumés de fleurs,
Qui décorent Gnide et Cythère,
N'ont rien que l'œil charmé préfère
A ces cabinets enchanteurs.
Des eaux la cascade argentine,
Des rideaux à peine entr'ouverts,
Et les tableaux lascifs de la beauté divine
Qui séduisit le dieu des vers;
Ceux de Vénus et de la tendre Euphrosine,
D'Aglaé, de Cyane, et même de Corine;
Au lointain, des oiseaux les champêtres concerts;
Plus près, l'enlacement des arbres toujours verts,
Et le vent de l'aile badine
Du folâtre zéphir qui pénètre les airs;
Tout excite au plaisir, et dans le fond de l'ame
Tout grave, avec des traits de flamme,
La douce volupté, reine de l'univers.

Il fallut pourtant s'arracher à ce séjour délicieux, et gagner Beaumontsur-Oise. On trouve sur la route l'abbaye de Royaumont : c'est un monastère où

De Bernard les saints enfans
Engraissés par la mollesse,
A Dieu moins qu'à la paresse
Tous les jours offrent l'encens.
De leur taille raccourcie
Les contours bien arrondis,
Le rougeâtre coloris
De leur face rebondie,
Où jamais ne brille un lis,
Tout peint un monde profane;
Et malgré l'ordre pieux
De la loi qui les condamne,
C'est à la mère des jeux,
Non à la chaste Diane,
Qu'ils présentent tous leurs vœux.
Au sortir du sanctuaire
On a vu plus d'une fois

Un moine, au regard sévère,
Aller troquer à Cythère,
Pour le cordon de François,
La ceinture de Glicère.

Un bateau nous conduisit de Beaumont à Poissy, et de là à Rolleboise. Avant de passer au premier de ces villages, on apperçoit l'Isle-Adam, maison de M. le prince de Conti, dont l'intérieur est agréable, et la situation délicieuse. C'était le jour malheureux

Qu'Atropos, dont le cœur féroce, inexorable,
Même par la vertu n'est jamais attendri,
Avait tranché, de son ciseau coupable,
Le tissu des jours de Conti.

Le même jour nous couchâmes à Bonnières : c'est un petit village où nous eûmes beaucoup de peine à trouver une mauvaise chambre. Quant à moi,

Une porte gothique était l'étroite entrée
    De la retraite resserrée
Où je devais jouir d'un repos précieux.
    Une table, autrefois quarrée,
    Ornait seule ces tristes lieux :
Sur des ais mal couverts d'une paille flétrie,
    Loin de goûter les douceurs du sommeil,
    Il fallut sans cérémonie
    Assister au bruyant conseil
Que des rats du quartier la troupe réunie
    Tint jusqu'au lever du soleil.

C'était une seconde chartreuse, qui ne valait pas même celle de Gresset. J'aurais voulu du moins qu'elle pût être dessinée par ce peintre ingénieux que je n'ai pu qu'imiter.

Croiriez-vous cependant que nous trouvâmes dans cette auberge un objet assez piquant, et qui donna lieu à une aventure que je dois vous raconter. Deux de nous, Gallus et Damire, ne purent voir sans émotion

  Le minois d'une soubrette
  Dont le corset arrondi,
  Malgré l'humble colerette,
  Annonçait un sein poli.
Jaloux de s'assurer si ce charme rustique,
  Dont l'œil suivait les mouvemens,
Sous les nœuds resserrés d'un corset élastique,
N'était pas, comme ailleurs, l'effet d'une rubrique
  Qu'on trouve depuis long-temps
  Reçue et mise en pratique
  Chez nos femmes de trente ans :
  Dans les bras de la bergère,
  Il voulait, pour cette nuit,

Aller établir Cythère
Au donjon, triste réduit
Où l'amour ne loge guère.
Par Dandin tout fut rompu :
Trop novice en l'art de plaire,
Il voulut, d'un ton sévère,
Ramener à la vertu
Ce double cœur corrompu
Par une erreur passagère.

A la nuit, depuis long-temps,
Phébus a cédé son trône :
Nourris des riches présens
De Comus et de Pomone,
Au sommeil qui les couronne,
Nous allons livrer nos sens.

Déja Gallus et Damire s'avançaient de la chambre de leur Vénus. Ils croyaient n'être pas soupçonnés, et se félicitaient d'augmenter leur jouissance par le mystère : mais l'homme vigilant, dont j'ai parlé, ne les avait pas perdus de vue. Ils n'étaient pas encore arrivés, quand, d'une voix sourde et terrible,

>Arrêtez, cria Dandin :
>N'allez pas, couple profane,
>Fixer d'un œil libertin
>Cette nouvelle Suzanne.
>De la timide pudeur
>Elle suit encor l'empire :
>Sur son front et dans son cœur
>L'innocence encor respire.
>Par un charme suborneur
>Voudriez-vous la séduire,
>Et, dans un affreux délire,
>Du plaisir cueillir la fleur?

La fleur du plaisir dans une auberge de village! A ce mot, de longs éclats de rire décelèrent Damire et Gallus; mais laissons-les, et continuons notre narration. A peine le jour arriva, qu'on amena des chevaux pour nous transporter à Évreux.

Ce n'étaient point ces coursiers d'Ibérie,
    Élevés aux travaux de Mars,
Qui d'un pied sûr frappant l'herbe fleurie,
Avec courage affrontaient les hasards :
Ce n'était point le coursier d'Angélique,
    Ou du fier Macédonien,
    Mais plutôt l'utile soutien
Du vieux Silène et du groupe bachique.
A nos cris répétés chacun d'eux était sourd :
Nous ne pouvions hâter leur démarche trop
    lente;
En vain nous les pressions d'une voix menaçante,
Ils avançaient d'un pas majestueux et lourd.

Nous arrivâmes pourtant à Évreux,
et nous en repartimes le même jour,

Dans un char simple et modeste,
Que Martin n'avait pas doré,
Équipage agile et leste,
Qui n'était presqu'entouré
Que de la voûte céleste.
D'un flexible ressort la pénible structure
N'en embrassait pas les contours.
De-là, suivant le monde en ses vastes détours,
Notre œil planait sur la nature :
Enivré du plaisir d'en être le témoin,
Quelquefois notre aréopage
Se plongeait dans l'extase, et, jouant le courage,
Philosophe par besoin,
D'Éole et de Phébus il défiait la rage.
Peu délicats sur le bonheur,
Nous nous croyions assis au char de la Victoire.
Jamais, jamais un sénateur,

Dans l'enceinte de Rome heureux triomphateur,
Ne fut aussi fier de sa gloire.

C'est à Danville que nous couchâmes. Après ce que je vous ai dit de ma chambre de Bonnières, il semble qu'on ne put guère être plus mal logé. Cependant cette possibilité se vérifia : aussi, mon cher ami,

Des astres mesurant la course,
Archimède nouveau, sans peine et sans erreur,
J'aurais calculé la hauteur
D'Orion et de la grande Ourse.

Quelle nuit pour un voyageur fatigué ! Aussi, dès que l'aurore reparut, je descendis pour presser notre départ.

Tandis

Tandis qu'on se préparait à nous faire partir, je courus visiter l'église. Sa singularité la rend curieuse : je n'en citerai que quelques traits.

    A gauche est une niche antique,
    Que, pour la fête du patron,
    On pare d'un buste gothique,
    Image de saint Jean, dit-on.

    A droite est un simulacre,
    Dressé par la grace de Dieu,
    Représentant le massacre
    D'un martyr chassé du lieu.

Un reste de lampe infernale,
Qui dans l'esprit jette l'horreur,
Couvre sa tombe sépulcrale.

On n'y distingue point de chœur :
La chaire sert de sacristie ;

Et souvent le bois vieux qui crie,
Le vent qui siffle avec furie,
Sont les grands chantres du lutrin;
Quelquefois, à cette harmonie,
Trois ou quatre voix de lutin
Viennent joindre leur symphonie,
Tandis qu'armé d'un vieux bassin,
Un bon rustre charivarie.

Nous partîmes enfin de Danville pour aller dîner à Verneuil. C'est une petite ville qui n'offre rien de curieux; mais un de nous y joua une scène assez plaisante, et je dois vous la raconter. Vous ne l'ignorez pas, mon cher ami;

La peur, d'un avocat
Fut toujours l'apanage;
Jamais, sous le rabat
On ne vit le courage :

Cicéron, au sénat,
Tonnait contre le crime;
Mais, un jour de combat,
Faible et pusillanime,
Cédait le consulat.

Notre jeune Dandin était digne en cela de l'orateur dont Rome se glorifie. Ainsi vous devinez aisément les impressions que produisirent sur lui certaines histoires de voleurs qui bordaient la route. Ajoutez qu'il était notre trésorier, et qu'il est d'ailleurs un de ces hommes qui préfèrent les faveurs de Plutus à celles des graces et des muses.

Aussi, de son bureau
Sur l'oblique surface,
De Molière et Boileau
Barrême tient la place.

Que faire dans ces circonstances?

Chez le pasteur, assez bon homme,
Il se résout enfin à porter son argent.
Il entre; on veut savoir comment monsieur se nomme.
Moi! répond-il hardiment:
Marquis de la Sammbuque et pays attenant,
Prince de la Grognarde, et, pour tout dire en somme,
Avocat en parlement.

Un début aussi comique
N'empêcha pas le pasteur
De donner à Dandin le titre magnifique
D'Altesse et de Monseigneur.
Lui, cependant, peu timide,
L'œil assuré, le front serein,
La tête en l'air, la bourse en main,
Honorant le curé d'un regard intrépide,
Recevait cet hommage en empereur romain.

Malgré sa bonhomie, le curé ne se chargea pas sans peine du dépôt que lui confiait notre illustre trésorier. L'éloquence de ce dernier fut enfin victorieuse ; et, après avoir gardé seulement ce qui pouvait nous être nécessaire de là à la Trappe, nous en primes le chemin. Nous nous trouvâmes bientôt dans le bois affreux qui l'environne.

On n'y voit point le papillon volage
   Caresser et sucer les fleurs ;
Jamais le rossignol de ses airs enchanteurs
   N'y fit entendre le ramage ;
Progné n'ose pas même, en ce séjour sauvage,
   Redire aux échos ses douleurs.
   A l'ombre de l'épais feuillage
   Qui couvre le hêtre ou l'ormeau,
Tityre ne vient point, enflant un chalumeau,
   A Chloé rendre son hommage :

Les bergères, un soir d'été,
Quand Phébus a cessé d'éclairer la nature,
N'y viennent pas, sans art et sans parure,
Sacrifier à la gaieté.
On n'y voit point les graces, en mesure,
Par leur danse et leurs chants célébrer le plaisir.
Jamais Vénus n'en foule la verdure;
Flore n'y reçoit pas les baisers du Zéphir.
Pas même un frais ruisseau dont le tendre murmure,
Charmant les hôtes d'alentour,
Invite à la volupté pure
Ou du sommeil ou de l'amour.

En un mot, tout y est affreux, tout annonce le lieu où l'on est sur le point d'arriver. Nous y entrâmes enfin, dans cette abbaye si désirée.

Je croyais voir le pieux fanatisme,
Dans les accès d'un farouche héroïsme,

De ses poignards frapper l'humanité : .....
Avec respect j'ai vu des solitaires,
Le dos courbé sous leurs pénibles haires,
D'un Dieu clément implorer la bonté.
Dans leurs discours touchans, sur leur visage austère,
Les vertus ont gravé leur sacré caractère.

. . . .

. . . .

On nous trompe, quand on nous assure que ces religieux creusent eux-mêmes la fosse qui doit un jour les engloutir. L'imagination lugubre de leur fondateur ne leur a pas imposé ce devoir, qui serait barbare.

Je ne vous dirai rien de ces tristes repas
Qu'un cidre bien noir assaisonne,
Et qu'un long usage empoisonne

De légumes peu délicats,
Et des fruits d'une triple automne.

Il faut convenir, cependant, que l'austérité des repas ne s'étend aux étrangers qu'autant qu'ils le désirent. On leur permet de manger une ou deux fois à la table des religieux; mais ils sont maîtres de rester à l'hospice, où ils sont bien traités.

LETTRE

SUR

L'ABBAYE DE LA TRAPPE

ET SUR

LE CHATEAU D'ANET,

PAR LE CHEVALIER DE BERTIN.

LE CHEVALIER DE BERTIN.

Heureux imitateur de Chapelle, de Gresset et de Chaulieu, Bertin est lui-même cité comme un modèle. Ses Élégies sur-tout, et son Voyage de Bourgogne étincèlent d'esprit et de gaieté.

Quant à son moral, voici le portrait qu'il nous en a tracé dans l'Épilogue qui termine le recueil de ses œuvres.

———

O vous qui lirez mes écrits !
Lecteurs trop indulgens, voulez-vous me
connaître ?

Au sein des vastes mers l'Afrique * m'a vu naître.

Faible arbuste, à neuf ans, transplanté dans Paris,

Et de mon premier ciel favorisé peut-être,

Je surpassai l'espoir de mes maîtres chéris.

Au Pinde et chez les rois, dans les camps, à Cythère,

J'osai me montrer tour-à-tour :

Sincère et timide à la cour,

J'eus pourtant le bonheur de n'y pas trop déplaire.

En amitié, fidèle encor plus qu'en amour,

Tout ce qu'aima mon cœur, il l'aima plus d'un jour.

Lorsque j'entrai dans la carrière,

On caressa ma muse, on daigna l'accueillir,

Comme on accueille, en France, une jeune étrangère,

Qui d'un lointain climat dans nos murs vient s'offrir.

* L'isle de Bourbon.

Le

Le chantre de Ferney, sous son toit solitaire,
Voyait alors l'Europe à grands flots accourir :
  Hélas ! j'ai peu connu Voltaire ;
Je l'ai vu seulement triompher et mourir.
Mais Dorat, mais Bonnard, mais cette foule aimable
De convives joyeux et d'esprits délicats
Me rechercha long-temps : je leur versais à table
Les rubis du pomar et l'ambre des muscats.

  Combien tu répandis de charmes
Sur ces premiers instans de mes premiers beaux jours,
Toi, dont l'absence encor m'arrache ici des larmes,
Cher Parny ! tu le sais : rivaux et frères d'armes,
Et dans tous les sentiers nous rencontrant toujours,
Compagnons échappés aux fureurs de Neptune,

Témoins de nos succès sans en être jaloux,
Espoir, craintes, ennuis, plaisirs, gloire, fortune,
   Tout devint commun entre nous.
   Conformité d'âge et de goûts,
   Et d'esprit et de caractère,
Resserra chaque jour une amitié si chère :
Mais de ces doux liens qui m'unissaient à toi,
   Ton frère, ton aimable frère,
   Fut encor le plus doux pour moi !

   La passion fit mon génie.
Saint-Lambert des saisons avait chanté le cours:
Disciple moins heureux des cygnes d'Ausonie,
   Moi, dans l'âge de la folie,
   J'aimais ; je chantai les amours.
Tout Paphos applaudit aux accords de ma lyre,
Et sans être fameux, mon nom courut par-tout.
Je vis à mes accens les dieux même sourire.
Plus d'un héros m'aimait et daigna me l'écrire.

Laharpe m'estimait : cet oracle du goût,
Qui sut le mieux donner, par leur juste mesure,
Du prix à la louange et même à la censure,
M'aborda quelquefois en répétant mes airs.
Delille, dans Marly, me récitait les vers
Où de ce lieu charmant il vante les prodiges :
Ses vers qu'il mariait au murmure des eaux,
Au doux bruit des forêts, au doux chant des oiseaux,
Beaux lieux, étaient alors vos plus heureux prestiges !

Mais à peine deux fois j'ai compté seize hivers
Et déja dans sa fleur ma jeunesse est flétrie ;
Des ombres du trépas mes beaux jours sont couverts.
Il faudra donc bientôt quitter ces antres verts
Ces prés, ces bois touffus, ma tendre et douce amie....?
Qu'elle remplisse au moins le reste de ma vie :
Pinde, adieu pour toujours ! voici mes derniers vers.

En vain des filles de mémoire,
Dieu des vers, dieu du jour, vous m'offrez les faveurs :
Ah ! pour me rendre heureux, et vous pouvez m'en croire,
Ma maîtresse en fait plus que vos neuf doctes sœurs !
Laissez-moi préférer le plaisir à la gloire !
J'étouffe dans mon cœur des désirs superflus.
J'aime mieux dans ses bras vivre un seul jour de plus,
Que mille siècles dans l'histoire.

LETTRE

A M. LE CHEVALIER

DU HAUT **.

***

Anet (1), *ce 19 juillet 1780.*

J'AI parcouru la Trappe et les mornes déserts
    De la nouvelle Thébaïde :
Parmi ces vieux tombeaux que la mousse a couverts,
J'ai cherché vainement l'objet des plus doux vers,
L'infortuné Comminge auprès d'Adélaïde.
Mon cœur, je l'avouerai, surpris, désenchanté,
    N'a point retrouvé ses modèles :
Deux amans si discrets, si tendres, si fidèles,
Dans ces lieux, m'a-t-on dit, n'ont jamais existé.

A leurs malheurs imaginaires,
Ainsi, dans ma jeune saison,
Crédule, j'ai donné des larmes trop sincères :
Hélas ! chaque jour la raison
Détruit nos erreurs les plus chères.

Nous avons eu, monsieur, le bonheur de rencontrer à la Trappe le contraste frappant de la vertu esclave dans une cellule, et de la vertu libre sur les marches du trône. En révérant la première, comme nous le devons, nous nous déclarons ouvertement pour la seconde.

Nous voici maintenant dans Anet, c'est-à-dire dans le séjour consacré de tout temps aux plaisirs, aux beaux arts, à l'amour et à la gloire. Ici, du moins, rien n'est fabuleux. Tous les murs, tous les ornemens du château sont encore chargés des chiffres de

Henri II et de Diane de Poitiers. On lit encore sous les lambris cette foule de devises galantes et ingénieuses que ce jeune prince composa pour elle : on rencontre par-tout son amour. La petite statue de Diane, en pied, qu'il fit fondre en argent, et qu'on voit dans un des appartemens du château, n'est point, sans doute, aussi intéressante que la tête même de madame de Montbason, apportée à la Trappe par l'abbé de Rancé, et conservée dans la chambre de ses successeurs; mais on est bien aise de connaître au moins la taille et les traits d'une femme qui exerça encore, dans un âge aussi avancé, l'empire de la beauté (2).

Vous jugez bien, monsieur, qu'un de mes premiers soins a été de demander la plaine d'Ivry;

Ce théâtre de la valeur
Et du crime de nos ancêtres,
Où d'un peuple plein de douceur,
Trop docile en tout temps à la voix de ses prêtres,
La moitié combattait son prince avec fureur,
L'autre à l'envi mourait pour le sang de ses maîtres.

Je ne puis vous exprimer ce qui s'est passé en moi, lorsqu'après avoir gravi la côte un peu rude et sablonneuse qui renferme le vallon d'Anet du côté du nord, j'ai découvert tout-à-coup cette plaine immense couverte des plus beaux bleds du monde. Des pleurs ont coulé de mes yeux, en songeant que cette terre avait été engraissée du sang de tant de braves Français. J'ai passé cent fois de la tristesse à l'admiration, et de la peine au plaisir, à l'aspect de ces restes de retranchemens qui virent débattre de si grands intérêts, et de ces riches sillons où le laboureur heurte encore tous les jours avec sa charrue des tronçons de lance ou d'épée, enfin à l'approche de cet obélisque simple et noble, élevé à la gloire de Henri IV par un de ses plus vertueux descendans, à l'endroit même où ce bon roi se reposa, sous un poirier, après avoir gagné la bataille.

L'enceinte de l'obélisque, comme vous le savez, monsieur, est bordée de lauriers qui, sans doute, n'ont point eu de peine à croître. J'ai été saisi, en y entrant, d'une sorte de respect religieux, et j'y serais encore plongé dans la plus douce rêverie, si la chaleur du jour ne m'avait forcé à regagner Anet. J'ai parcouru à mon retour tout ce qu'il renferme d'aimable, et il ne lui manquait, en vérité, que la présence du maître. Je me suis égaré avec délices dans ce beau parc,

>Ouvrage heureux de la nature,
>Où cent peupliers blancs qui tremblent dans les airs
>Vous amusent de leur murmure,
>Et qu'en se poursuivant sous les ombrages verts,
>Cent naïades, filles de l'Eure,
>Embrassent à l'envi de leurs flots toujours clairs :

Dans ce parc enfin qui devint si fameux sur la fin du dernier siècle. Je ne fus pas long-temps à ressentir l'influence du lieu; et, me livrant tout-d'un-coup à l'espèce d'enthousiasme que m'inspiraient la beauté de ces retraites et le souvenir des grands hommes qui les ont habitées, j'avais déja pris ma lyre, et je me disposais à les chanter de mon mieux, c'est-à-dire assez mal, lorsque je vis sortir d'un bosquet voisin les deux Vendômes,

Ces héros un peu singuliers,
Trop négligés dans leur parure,
Lions dans les combats, et moins chefs que
guerriers;
En paix, illustres porcs du troupeau d'Épicure,
Tout souillés de tabac et couverts de lauriers;
Et sur leurs pas soudain paraître
La foule de ces beaux esprits
Que rassemblait dans son pourpris
De ces lieux le très-digne maître,
Et qui, fertiles en bons mots

Contre les méchans et les sots,
Le jour amusaient mon héros;
Et le soir, admis à sa table,
Avec de jeunes libertins
Et plus d'une femme agréable,
Jugeaient du ton le plus aimable
Les vers, les amours et les vins.

Chapelle était à leur tête. L'aspect de ces messieurs m'interdit au point que la lyre me tomba des mains, et, pour la gloire même d'Anet, je ne sais si vous devez en être fâché. Je l'aurais probablement flétrie en voulant l'augmenter. Je n'osai pas sur-tout, devant Chapelle, me risquer à vous écrire tout seul, dans un genre où il crut avoir besoin d'un second.

Il est bien difficile, monsieur, de connaître un séjour aussi délicieux sans vous porter envie. Que vous êtes heureux

heureux de passer toute la belle saison à Anet ! Je sens que j'y passerais volontiers ma vie.

> Ah ! si jamais dans ce beau lieu
> Vous bâtissez un monastère,
> Je viens m'y rendre en qualité de frère
> De la règle de saint Chaulieu.

Achevez votre retraite à la Trappe; je vais en faire une un peu plus longue à Versailles, l'endroit de la terre, comme on sait, après la Trappe, où l'on est le moins occupé des choses de ce monde. Je vous supplie de vouloir bien mettre aux pieds de monseigneur le duc de Penthièvre mon très-profond respect. S. A. S. daignera peut-être se souvenir des regards pleins de bonté qu'elle a laissé tomber sur moi pendant mon séjour à la Trappe.

Adieu, monsieur, je me recommande à vos prières, et sur-tout à votre souvenir.

NOTES
SUR LA LETTRE
DU CHEVALIER DE BERTIN.

---

1 (Anet.) Ce château, situé à 16 lieues ouest de Paris, fut bâti, sur les dessins de Philibert Delorme, pour la belle Diane de Poitiers. Son architecture est formée de trois ordres de colonnes, avec une galerie qui règne tout autour. L'entrée offre un portique composé de quatre colonnes doriques, dont l'archivolte est décorée de festons en bronze et d'une figure de même métal, représentant Diane, environnée de chiens et de sangliers. L'ancienne horloge, placée dans l'attique de ce bâtiment, faisait

mouvoir une meute de quinze à vingt chiens, et un cerf de bronze qui frappait les heures avec un de ses pieds.

Ci-devant, la chapelle, formée en rotonde, offrait à la curiosité les statues des apôtres et quelques bas-reliefs; on admire encore la peinture de ses vitraux et un pavé à compartiment, regardé comme un des premiers ouvrages en ce genre.

Dans la salle des gardes, on voit sur la cheminée le portrait du duc de Vendôme à cheval, et, sur les murs, quatre tableaux représentant ses conquêtes en Italie. Le plafond porte les chiffres de Henri II et de Diane de Poitiers.

Au milieu du rez-de-chaussée est un salon qui embrasse deux étages : il est orné de trophées, d'enfans dorés, et revêtu de marbre de Languedoc jusqu'à la hauteur de la corniche. A droite est un autre salon, qui a pour ornement treize trumeaux de marbre d'une seule pièce, avec des bordures de marbre : on voit au plafond des figures d'amours et d'animaux, peintes par Audran.

On descend par deux terrasses aux jardins, qui sont bordés de deux doubles allées de maronniers. Entre deux magnifiques canaux se trouvent deux parterres à l'anglaise. A gauche, sous un portique d'architecture rustique, est la fontaine de Diane. Cette déesse y est représentée en marbre, couchée sur un piédestal fort élevé, au milieu d'un bassin nourri par une gerbe.

La rivière d'Eure arrose ces jardins, les embellit, et, dans une vaste prairie qu'elle traverse, forme une chute de trois pieds sur vingt toises de long.

Dans la partie du parc qui est à gauche, il faut aller voir l'Isle d'Amour, formée par des salles vertes, au milieu d'un canal.

Les naturalistes remarquent, dans le milieu des pierres dont le château est construit, des cailloux noirs, en forme de géodes.

2 (L'empire de la beauté.) Diane de Poitiers, duchesse de Valentinois, fille de Jean de Poitiers, comte de Saint-Vallier, et femme de Louis de Brézé, grand sénéchal de Normandie, avait au moins quarante ans, lorsque Henri II, qui n'en avait que dix-huit, en devint éperdument amoureux ; et, quoique âgée de près de soixante ans à la mort de ce prince, elle avait toujours conservé le même empire sur

son cœur. Dans le plus grand froid, elle se lavait le visage avec de l'eau de puits, et n'usa jamais d'aucune pommade. Éveillée tous les matins à six heures, elle montait souvent à cheval, faisait une ou deux lieues, et venait se remettre dans son lit où elle lisait jusqu'à midi.

« Six mois avant sa mort, je la vis, dit Brantome, » si belle encore, que
» je ne sache cœur de rocher qui ne
» s'en fût ému, quoique quelque
» temps auparavant elle se fût rompu
» une jambe sur le pavé d'Orléans.
» .... C'est dommage que la terre
» couvre un si beau corps. » (DAMES GALANTES, tome II, page 239.)

Saint-Foix dit qu'elle avait les cheveux extrêmement noirs et bouclés, la peau très-blanche, les dents, la jambe et les mains admirables, la taille haute, et la démarche la plus noble.

On croit que c'est la seule des maîtresses des rois de France pour qui l'on ait frappé des médailles. Les moins rares portent la figure de cette duchesse d'un côté, et, au revers, ces mots, OMNIUM VICTOREM VICI, J'AI VAINCU LE VAINQUEUR DE TOUS; allusion à l'Amour, qui s'accorde assez avec la fierté qu'elle montra en ne voulant pas reconnaître une fille qu'elle avait eue de Henri II. « J'étais née, dit-elle à ce prince,
» pour avoir des enfans légitimes de
» vous. J'ai été votre maîtresse, parce
» que je vous aimais : je ne souffrirai
» pas qu'un arrêt me déclare votre
» concubine. »

Un autre trait, qui peint bien son caractère, est la réponse qu'elle fit,

lorsque Catherine de Médicis lui envoya ordre de rendre les pierreries de la couronne, et de se retirer dans un de ses châteaux. « Le roi est-il mort ?
» demanda-t-elle à celui qui était
» chargé de cette commission.—Non,
» madame, répondit-il; mais il ne pas-
» sera pas la journée. —— Hé bien !
» répliqua-t-elle, je n'ai donc point
» encore de maître, et je veux que
» mes ennemis sachent bien que,
» quand ce prince ne sera plus, je
» ne les crains point; si j'ai le mal-
» heur de lui survivre long-temps,
» mon cœur sera trop occupé de sa
» douleur, pour que je puisse être
» sensible aux chagrins et aux dé-
» goûts qu'on voudra me donner. »

Dès que le roi eut expiré, Diane se retira (en 1559) dans sa belle maison d'Anet, qu'elle acheva de faire bâtir, et où elle mourut le 26 avril 1566, à l'âge de soixante-six ans. Son tombeau, que l'on voyait ci-devant dans une chapelle, à gauche du château, consistait en un sarcophage, soutenu par quatre sphynx de marbre blanc, sur lequel elle était à genoux, les mains jointes, ayant devant elle un livre de prières.

Voltaire, faisant voyager l'Amour depuis l'isle de Chypre jusqu'aux plaines d'Ivry, où était alors Henri IV, s'exprime ainsi sur Anet :

« Il (l'Amour) voit les murs d'Anet bâtis aux bords de l'Eure ;
» Lui-même en ordonna la superbe structure
» Par ses adroites mains avec art enlacés
» Les chiffres de Diane y sont encor tracés.

» Sur sa tombe, en passant, les plaisirs et
les graces
» Répandirent les fleurs qui naissaient sous
leurs traces. »

HENRIADE, chant IX.

FIN.

www.ingramcontent.com/pod-product-compliance
Lightning Source LLC
Chambersburg PA
CBHW061959180426
43198CB00036B/1458